わたしが辿り着いた場所

夢を叶えた20人の物語

Where I arrived
Stories of 20 people who made their dreams come true

安楽里絵　五十嵐恭子　石本香緒理　木村美琴　小林佑季子
島崎幸恵　SHOKO　鈴木雅美　大門まき　髙橋奈緒
谷保清香　富澤志保　名和里恵　西田有芙　橋本恭代　haTuki
福嶋裕美子　前田美香　六車紀代美　渡辺光里

Rashisa

わたしが辿り着いた場所
夢を叶えた20人の物語

あなたが目指す場所はどこですか？—はじめに—

本書を手に取ってくださり、ありがとうございます。

「あなたの夢は何ですか？」

この質問を急に聞かれたとき、少しばかり戸惑ってしまうかもしれません。
挑戦してみたいことはあるけれど、実際に口に出すのが恥ずかしかったり、「そんなの絶対無理だよ」と否定的な意見を言われるのが怖かったりします。

幼少期や小学生時代を思い出してほしいのですが、将来の夢ややりたいことを周りの目を気にせず声に出していませんでしたか？
でも、そんな時に一番応援してほしいはずの存在である親や先生から「もっと現実を見なさい」「今のあなたじゃ無理よ」などと言われ続け、いつしか「夢」というものを心の奥に閉じ込めてしまっているのかもしれません。

これを機会に一度立ち止まって考えてみてほしいのです。

「本当にやりたいことって何だろう?」

「数年後、どんな生活を送りたいのだろう?」

「自分にはできないと諦めてしまっていることって何だろう?」

毎日忙しく生活をしていると、未来のことを考える時間を忘れてしまいがちです。

なので、本書を読んでいる間は、過去と今は一旦置いておいて未来のことを考えながら読み進めて頂きたいのです。


本書には夢を叶えた20人の女性起業家が登場します。

しかし、初めからすぐに夢を叶えることができたかというと、そうではありません。

今のあなたと同じように、毎日の忙しさに追われて夢について考える時間を持てなかったり、夢はあるけれど、なかなか一歩踏み出せなかったり、それぞれ状況は違いますがもがき苦しんでいました。

しかし、あるきっかけやチャンスを掴み一歩踏み出したことで、夢を掴むことができたのです。

もちろん夢を持って一歩踏み出したからといって、すぐに夢を掴めるわけではありません。たくさんの壁が立ちはだかります。

時には「もうダメかもしれない」と諦めかけることだってあるのです。

でも、自分を信じて行動し続ければ、乗り越えられない壁はないということを彼女たちが証明してくれています。

本書はこんなあなたに贈ります。

・**なんとしてでも叶えたい夢を持っている方**
・**夢や目標がはっきり決まっていない方**
・**新しいことを始めたいと思っている方**
・**挑戦したいことがあるけど勇気が出ない方**
・**いつか起業をしたいと思っている方**

本書を読めば、一歩踏み出す勇気と夢を叶えるヒントが手に入ります。

誰もが諦めさえしなければ、夢は掴めます。
次に夢を掴むのは、この本を手に取ってくださった「あなた」です。

さて、前書きはこれくらいにして彼女たちの物語の扉を開き、夢を掴むためのヒントを受け取りにいきましょう。

Rashisa（ラシサ）出版編集部

Contents

わたしが辿り着いた場所
夢を叶えた20人の物語

夢だった芸能の道から占い師の道へ！
20年間口コミだけで予約の取れない人気占い師が
大切にしている「言魂の魔力」

株式会社ENGAGEMENT 代表取締役
占い／IT／アロマ／起業コンサル

五十嵐恭子

小さな成功体験から
歩み始めた
コピーライターの道を、
一生モノにするために

株式会社AO CHAN 代表取締役
コピーライター／クリエイティブディレクター

石本香緒理

幼少期に描いた絵から始まった
空間デザイナーになるまでの物語と
夢の叶え方

株式会社L's place 代表取締役
不動産業／建築設計デザイン

木村美琴

「会社を畳んでくれ」という
夫からの遺言に対して、
5つの事業を引き継ぐと決めた
『わたしの覚悟』

株式会社DANKE 代表取締役　株式会社DANKE BEAUTY 代表取締役
美容室／美容室ディーラー／カフェ／ボディメイク／アイアン家具製造販売

小林佑季子

小心者だからこそできる
従業員を定着させながら、
新事業を次々と立ち上げる
ビジネス展開法

合同会社Linkage 代表取締役
教育業／サービス業

島崎幸恵

50歳から始めた
YouTubeの登録者数が40万人超え！
40代からの美容法
「美美メソッド®」誕生秘話

株式会社VIRTU 代表取締役
一般社団法人美意識コンシェルジュ協会 代表理事
美容YouTuber＆MAKEUPプロデューサー

SHOKO

自分次第で可能性は無限大！
得意なところは得意な人にまかせる
「コミュニティークリエイター」という働き方

まめなり企画 代表
コミュニティークリエイター
鈴木雅美

俳優業から教育事業へ転身！
全国各地から通う子ども向けの
「トリッピー表現力教室」
誕生ストーリー

株式会社trippi 代表取締役
大門式表現力アカデミー／トリッピー表現力教室
大門まき

開業当初から築いていた
人脈が形になった
女性のためのお仕事プラットフォーム
「Dear Woman」の軌跡

Dear Woman株式会社 代表取締役
女性活躍支援事業

髙橋奈緒

「月の半分働いて人より稼ぐ」を
叶えるために辿り着いた
不動産投資家になるまでの道のり

株式会社たにほや 代表取締役
不動産業

谷保清香

ベビーシッターから始まり
15年かけて
認可保育園を７園にするまでに
乗り越えきてきた数々の壁

株式会社TWO CARAT 代表取締役
保育園運営

富澤志保

予約２か月待ちの
ビューティーアドバイザー美容師から学ぶ
一歩踏み出しやすくなる考え方

株式会社peige 代表取締役
美容室運営

名和里恵

人生どん底マインドギャル看護師から
たった一年で人生を好転させた
シンデレラストーリー

株式会社lideal 取締役
美容サロン／保険外看護サービス

西田有美

難病を患うも奇跡の復活を遂げ、
百貨店の催事出店オファーが殺到する
セレクトショップにまでなった人生ストーリー

株式会社LUMOLUKA 代表取締役
アパレル事業

橋本恭代

友人の声かけからエステ業界へ！
スタッフ問題で倒産危機にまで陥った状況を
救ってくれた娘の存在

株式会社実月 代表取締役
エステサロン運営

haTuki

普通の専業主婦だった私が
47歳で作業療法士を取得し、
介護事業を始め数々の事業を
立ち上げてきた人生の歩み

株式会社ドルフィン・エイド 代表取締役
介護事業／保育事業

福嶋裕美子

子育てを機にＩＴ会社を起業！
リーマンショックでの倒産危機を乗り越えた
ピンチをチャンスに変えていく考え方

株式会社khronos 代表取締役
ソフトウェア受託開発／エンジニア教育

前田美香

49歳で起業するも４年後に廃業！
失敗を糧に２度目の挑戦をしている私が
あなたに伝えたいメッセージ

K-WISE合同会社 代表社員
起業スクール

六車紀代美

リトミック&ピアノレッスンを
探究する中で辿り着いた
自分の人生に制限をかけてしまう
母の呪い

ひかりピアノ 代表
リトミック教室／ピアノレッスン

渡辺光里

目次

世界4大会計事務所を退職して起業！米国と日本に住んだからこそ見えたキャリアとプライベートを両立させる思考法

NY流次世代女性
キャリアスクール　Riseme
コーチング講座/起業サポート

安楽里絵

鹿児島県生まれ。東京の短大に進学。大手企業に就職するも『このまま人生を終わらせたくない』と単身渡米。サンディエゴ州立大学会計学部を卒業。NY の世界4大会計事務所に就職。帰国後東京事務所に勤務。日本で働く女性が頑張っていても満たされないのを目の当たりにし、また自身も日本で生きづらさを感じ、コーチングと心理学を勉強。2022年独立し、『NY 流次世代女性キャリアスクール Riseme』を主宰。現在は家族で LA に移住、オンラインでコーチング講座 / 起業サポートを開催する傍ら米系エアラインに勤務。雑誌『CLASSY.』等にも掲載。

1日のスケジュール

4:00 起床、身支度、家族のお弁当作り
5:30 米系エアライン出社
13:00 帰宅
13:30 主宰講座の仕事開始、クライアントセッション
17:00 幼稚園お迎え
18:00 お風呂、家族でディナー
19:00 娘との時間
21:00 就寝

人生を変えたいなら、とりあえず行動する！

『いい大学に行って、いい会社に入りなさい。そしたら安定した人生が待ってるから。そのためには勉強が1番大事』そう言われて育った幼少期。小学校低学年からこっそりと塾に行き、勉強ばかりの日々で友達と遊ぶことはほとんどありませんでした。

地元の進学校に進み、このまま憧れの東京の有名大学に進学できる！と信じていた私は、高校生になると勉強をしなくなり、転げ落ちるように成績はどん底に……。思っていたような大学へは行けず、東京の短大に進学。バスケと飲み会に明け暮れ、就職氷河期と言われる時代に親のコネで上場企業に就職し、流行りの見せパン服で出社して、上司に「パンツ見えてるぞ」と言われても、「見せてるんで大丈夫です」と受け答えするようなふざけたＯＬをしていました。

短大時代の夏休み、アメリカに1か月の短期留学に行ったときのことでした。そこで見たアメリカ人に衝撃を受けたのです。自分を大切にして、家族も大切にして、その上で仕事をやる！というスタンスで自分らしい生き方をしている人、毎日を笑顔で楽しく生きている人ばかり。一方の私は、周りの目を気にして、親の期待に応えなきゃと思って、目標もないまま日々をただ過ごしているだけだということに気づいたのです。一度きりの人生、やりたいことをやろう！　長期的にアメリカに留学したい！　と強く思うようになりました。

会社の上司や友達からは「今さらアメリカに行ってどうするの？」と冷ややかな言葉をかけられたりもしました。それでも私の気持ちは揺るがず、手取り16万円ほどのOLの私が、毎月少ないお金をコツコツと貯めて、2年で250万円貯め、留学準備をしました。

ところが、出発まで後1か月という頃、父の働いていた会社が倒産。それまで順風満帆だった我が家は一転。妹はまだ小学生で、父親は単身赴任になり、母は働きに出るようになりました。私は両親に「留学をやめて、実家に帰るよ」と伝えたら、両親は「子どもに残せるのは教育と経験をさせることしかないから行って来なさい！」と私の背中を強く押してくれたのです。いつか必ず恩返しするぞ！と決めて、単身渡米しました。

将来安定して稼げるようになるには何が良いだろうか。進学先の大学の会計学が全米5位だったこと、そして足し算、引き算、掛け算、割り算ならできるだろうという安易な考えで選び、学びたかった心理学を諦め、会計学を専攻し、茨の道を歩むことに……。

目指したのは、Big4と言われる世界4大会計事務所。「必ず4社のうちのどこかに入り、パパとママに楽をさせてあげられる自分になる！」という強い誓いのもと、学費と生活費を確保しながら、成績も上位を維持しなきゃいけないというプレッシャーと戦いました。

学校以外は朝から夜中まで、ベビーシッター、家庭教師、ウェイトレスと、アルバイトのかけもち。それに加え、アメリカ人でも脱落する人が多く、学校一厳しいと言われていた会計学の宿題、グループワーク、テストの日々。友達と遊ぶ時間もお金もなく、1ドルのコーヒすら我慢しなきゃいけない地獄のような毎日でした。泣きたくなる日もありましたが、それでも頑張ってこられたのは、両親に恩返しするためでした。

世界4大会計事務所に履歴書を送ることができるのは、成績優秀者のみ。私の成績はギリギリボーダーを満たしていませんでした。大学3年の秋、それでも送るだけはタダだと思い、履歴書を4つの事務所に送りました。結果は見事すべて落選（笑）。普通だったら、やっぱりダメだったか…とここで諦めていたのでしょう。私は、というと。「まだ終わってない！」そう思い、パンツスーツに身を包み、履歴書を握りしめ、カリフォルニアからニューヨークに行き、直接会社を訪問し、『5分だけでいいのでお時間をいただけないでしょうか？』必死にそう伝えたところ、あっさり『5分ならいいよ』と言われ、それを機にその後の面接のプロセスに乗ることができ、見事4つのうち2社から内定をもらうことができたのです！

そうして私はNYでトップキャリアの仲間入りをすることができ、ようやく長年の夢を掴みました。その時すでに29歳。単身渡米してから6年が経っていました。そして、事務所がスポンサーになってくれて、アメリカの永住権を取得。いつの間にかアメリカにいることが夢ではなく、私の日常になったのです。両親に恩返しができるようになり、実家のすべてのローンを完済しました。そして、あと私にできることは妹を大学に行かせることだ！ と思い、妹をNYに呼び、一緒に住みながら、妹の学費を責任を持って支払い、無事に卒業を見届けました。

1ドルのコーヒーも買えなかった貧乏留学生でどん底を味わったカリフォルニア。海も太陽も近い街で、図書館にこもってばかりいた私に、いつも『大丈夫、きっとうまくいく！』と手を差し伸べてくれた仲間たちとの出会いがありました。世界トップ企業で働くエリートの仲間入りをしたNY。真っ赤なアウディ、マンハッタンビューのマンション、エルメスのバッグ、高級レストランでのVIP扱い…だけじゃなく、NYの世界トップのキャリア女性たちから、自由でしなやかに人生も働き方も自分らしく両立する生き方を間近で学びました。

そして渡米して15年。一旦帰国を決めた私は、この数年後に出会うことになるポジティブ心理学とコーチングに支えられてアメリカでの夢を叶えることが出来たんだと、後に知ることになります。

人生を変えたいと思った時は、ズバリそうなるように行動すれば良いだけ！

大切なのは、『出来るか出来ないかわからないけどやってみよう！』の気持ちだけ。

承認欲求大国、ジャパン

海外に住んでいると、母国日本はキラキラして見えるもの。勤勉で責任感が強く、優しくて信頼でき、綺麗で、ご飯がお美味しくて、とっても便利！　そんな久しぶりの日本での生活が楽しみで仕方ありませんでした。ところが、東京事務所、出社2日目にして、すでに窮屈さと息苦しさを感じてしまったのです。

電車の中や駅ですれ違う人々は、誰も笑わず挨拶もせず、ゾンビが乗っているのかと思いました。会社で働く人たちは一流大学を卒業後、大手企業の最前線で戦ってきて、順風満帆のキャリアを持ち、日本においてエリートと呼ばれる経歴を持つ人ばかり。そんな彼女たちが楽しそうに仕事をしているどころか、苦しんでいる姿を目の当たりにしたのです。

上司や周りからの評価ばかりが気になり、ライバルに負けたくない、越されたくない。『こんなに頑張っているのに、なんで？』と、他人のせいにしているように見えました。会社が悪い、上司が悪い、部下が悪い、旦那が悪い、親が悪い、社会が悪い…。

結婚して子どもを持つと、キャリアを失うんじゃないかという不安で、結婚にすら踏み切れない若い女性たち。子どもがいて時短で働いていても、他の人と比較されたくないという思いから、子どもが寝た後に明け方まで働く女性たち。一見華々しく見える日本の女性エリートたちでしたが、その内面は、どれだけガムシャラに頑張っても、誰からも認めてもらえない不安とプレッシャーでいっぱいで、終わりの見えない承認欲求の底なし沼にはまっているように見えました。

この時の私はまだ、「私は考えがアメリカ人よりだし、日本人の彼女たちとは違う」と、どこか他人ごとに感じていましたが、日本の事務所にきて2年目あたりから、私も彼女たちと同じように上司や周りからの評価ばかりが気になるようになり、ライバルに負けたくない、越されたくない。そんな風に会社の人の評価に一喜一憂するようになっていました。

アメリカにいたときには感じたことのない窮屈さに、しんどくて仕方ありませんでしたが、原因がわからない…。一体何が違うんだろう…?

そんな葛藤の日々を過ごす傍ら、ある日、高校の後輩だった男性と再会。この人とならば良いことだけじゃなく逆境も楽しく乗り越えていけると感じ結婚。なかなか子宝に恵まれず諦めかけたところ43歳で奇跡的に娘を授かり、私は産休を取ることになりました。せっかくの機会だからと、ここぞとばかりに本を読み漁り、今後の仕事のため、育児のためにと勉強を重ねていた時、ふと出会ったのがポジティブ心理学とコーチングでした。そこで学んだものは、私が好きだったアメリカそのものだったんです。

英語力ゼロだった私が飛び込んだアメリカで、世界トップの会計事務所に就職できるまでになったのは、自分の強みの部分に目を向けてくれる人が常に周りにいたからです。成功するまでのプロセスを楽しみ、行動することが大事だと教えられ、才能やスキルではなく、存在そのものを認めてもらっていたからです。日本に帰ってきて、エリートと呼ばれる彼女たちが苦しく見えたのは、日本人特有ともいえる、「弱いところを見つけて直す」「私がこうだから、あなたもこうあるべき」「誰かに認めてもらうために頑張る！」という考え方が原因なのではないかということに気づいたのです。

「りえはりえのままで充分！ただ自分の強みに気づき、自分を信じるだけ」と言ってくれたホストマザーの言葉を思い出しました。「きっと大丈夫。トライしてみよう！」と支えてくれたアメリカの友人達の言葉を思い出しました。彼らが自然と私にしてくれていたことがまさしく、ポジティブ心理学的な思考とコーチング的な関わりだったと気づきました。またNYではキャリア女性は当たり前にコーチをつけていたけど、なぜ日本ではコーチをつけないいんだろう？と思い、意識的に使えるよう夢中で勉強し、習得していきました。

周りの目より、自分の心。弱み克服より、強みを伸ばす！自分の強みがわからないのは、他人との比較で強みを探そうとしているから！

I AM OK, YOU ARE OK.

『私もOKなんだけど、あなたもOKよね！』この考え方はまさにアメリカ文化そのものです。この多様性を受け入れると、人間関係を楽にするだけではなく、本当の自分の人生と向き合えるようになります。自分の感情を大切にすることが、自分に変化を起こすだけではなく、周りの人にも変化を起こすことを知りました。「どんな私でも大丈夫！」と、最強のメンタルを手に入れることができるようになったのです。

どんな自分のことも認められるようになり、自分ファーストでいれば、「人・お仕事・お金・運」は自然といい方向に循環し、不要な我慢や苦しい努力はいらないやり方を手に入れられるようになりました。そして、再度、自分の夢に向かって夢中になれる自分も手に入れられるようになりました。

だからこそ今度は私が、昔の私と同じように、完璧を目指してガムシャラに頑張っている女性たちに向け、周りの目より自分の心を大切にすること、自分で自分の人生の舵を取ること、そして本来の自分を取り戻し、自分の夢や理想に向かって夢中になれる人生を送れるようにサポートしていきたいと思うようになり、産休の3年間を起業の学びの時間にしようと決意したのです。

早く誰かの役に立ちたい！　と焦る気持ちを抑え、まずはブログでの発信と同時にビジネスの勉強も始めました。そして2022年、人生初めての募集でたくさんの方が申し込んでくださり、7名の0期生と共に3か月の講座をスタートさせました。さらに継続講座のリクエストもいただき、契約&継続率100％の講座の主宰者となったのです。

NYでのキャリアから20年以上世界トップの会計事務所に携わってきた私が、独立してキャリアチェンジするのは一大決心でした。でもこれからの人生で本当にやりたいことを見つけ、退職し、独立するための一歩を踏み出すことができたのも、アメリカ生活の中で培った私自身の講座でお伝えしている「強みに注目して、ありのままの自分を受け入れる」ということと、「ひとまずやってみよう」を実践しようと思えたから。受講してくださる方々にほんの少しの手放す勇気と、ほんの少しの動き出す一歩で、自分らしく笑顔で、他人に振り回されず自分の人生に夢中になれる自分でいることを、私自身が見せ続けていこうと決めたからです。

最初はみんな3か月で何ができるんだろう？　本当に3か月で変われるのか？と思うそうです。でもDAY1を受講した瞬間から、今までの自分の価値観に対して「良い意味での裏切り」と「実践できる方法」で楽しみながら、確実に自分の人生の変化を感じていただいています。「もっと早くから知っておきたかった」「すべての日本人女性に受けてもらいたい」そう言ってくださるすべての受講生たちは、本物の自己肯定感が上がり、人間関係にも悩まず、他人にも振り回されず、ちゃんとしなきゃ！　に苦しめられず、自分のやりたいことが明確になり、晴れ晴れと卒業されていきます。毎回受講生の方々から「誰にも教えたくないほど良い講座」だと言われます（笑）。

みなさん、自分が幸せになるために、どうにか今の自分を変えたくて、本を読んだり、いろんな講座や学びから何かを得ようと頑張るのに、あまり何も変わらない……。それは学んだだけで満足しちゃっているからなんです。そして、変化や新しいことに対して不安や恐怖を感じるから。恐怖を克服できるのは、行動だけです。どれだけ頭で考えても何も変わりません。自分の枠を超えるには、行動あるのみなんです。

ただ私は知っています。その行動することこそが一番難しいことだと。だから私の講座では、自然体で楽しく行動し続けられる仕組みを作っています。だからこそすべての受講生の変化があるのです。学んだことをちゃんと人生に活かさないと意味がないんです。

やればできる！の根性論はもう不要。やってみて出来なくてもいいから、やってみようの精神が人を成長させる土台となる。

脱・完璧主義で人生は思うようになる！

「私の人生、このままでいいのだろうか？」そんな風に漠然と思い続けていませんか？

結婚や出産、子育て、夫の転勤など、女性を抑圧するものはとても多いです。親のため、夫のため、子どものため、会社のためと自分を犠牲に必死に頑張ってきたと思います。でも、「女性だからという理由で人生を諦めたくない」「自分の人生をもっと充実させたい」内心はそう思っている女性も多いのです。

今まで日本では、キャリアというと職業上、職務上のキャリアのことを言いました。

一方アメリカでは、キャリアというと、人生や生き方を含むライフキャリアのことを言います。つまり誰にでもキャリアはあるということになります。

これからの時代に求められるキャリア自律。個人が自分のキャリア（人生）を主体的に捉え、責任を持ち、積極的に自分らしいキャリア（人生）形成に取り組み、環境に合わせて柔軟に自分自身を変化させる一連の思考や行動のプロセスのことをキャリア自律と言います。

つまり、これからの時代、自ら変化に対応できる力をつけることが重要になっていきます。女性だからこそ人生のライフステージに合わせて、適切な選択をすることによって、キャリアもプライベートも、自分で人生の舵を取る力が必要になっていきます。

そのために、次世代の日本人女性に必要なのが、コーチングとポジティブ心理学的思考になっていきます。コーチングは目標を達成するためだけのコミュニケーションスキルではありません。自分の強みに気づき、本来の自分を取り戻し、叶えたい人生を生きるためのスキルです。ポジティブ心理学はポジティブ思考になるための心理学ではありません。自分の強みを伸ばし、ありのままの自分を受け入れ、自分も周りも幸せにできる、つまり自己肯定感を上げるための論理的な思考法です。

日本でもよく耳にするようになった自己肯定感。でもどれだけの日本人が本当の自己肯定感を理解しているでしょうか？　多くの日本人は偽の自己肯定感を育んでしまい、余計に自分を辛くさせてしまっています。偽の自己肯定感を育んでしまうことにより、完璧な自分を求めるようになり、頑張っても頑張っても満たされなかったり、新しいことを踏み出す勇気が持てなかったりしてしまいます。

物事は自分の力でどうしようもできないことと、自分の力でどうにかしなくてはいけないことに分けられます。多くの日本人は、自分の力でどうしようもできないことに労力と時間を費やして疲れてしまい、自分の力でどうにかしなくてはいけないことに集中することできなくなっています。他人から評価されることばかりを気にするあまり、失敗を恐れ完璧でありたいと思ってしまうのです。私はNY時代の上司から「失敗のない人生こそが大失敗だ」と教わりました。

私は今、自分の「やってみよう」に従って、2023年から家族でLAに再移住しました。本場アメリカで、今なおコーチングやビジネスを学び続け、現場の生のコーチングに触れるため、米系トップのエアラインに就職もしました。当初3か月だった講座も、パワーアップして、女性管理職や女性経営者、コーチを目指す方向けにコーチング講座を、本当にやりたいことを仕事にしたい女性向けに起業アカデミーを開催しています。

NY流の自由でしなやかに生きるマインドとスキルを手に入れ、キャリアもプライベートも心を豊かに両立させる新しい日本のキャリア女性として人生をステージアップさせたいと思いませんか？「人はいつからでも変われるんだ！」そう思う人はいつからでも変われます。

人生100年時代の今だからこそ、理想の人生を取り戻したい女性をサポートしたい！そう思って踏み出した私の一歩が、誰かの何かの小さなきっかけに繋がると信じて…

完璧じゃなくても大丈夫！ガムシャラに頑張ってきたあなたへ。あなたらしさを大切に、心が喜ぶ人生と働き方を叶えて欲しいと心から願っています。

あなたへのメッセージ

目指せ「不完璧主義」
成功したから幸せになるんじゃない。
幸せだから成功するんです。
自分ファースト宣言で、
人生も働き方もワガママに自分らしく！
必要なのは、
「ほんの少しの手放す勇気」と
「ほんの少しの動き出す一歩」

安楽里絵さんへの
お問合わせはコチラ

夢だった芸能の道から
占い師の道へ！
20年間口コミだけで
予約の取れない
人気占い師が
大切にしている
「言魂の魔力」

株式会社ENGAGEMENT 代表取締役
占い／IT／アロマ／起業コンサル

五十嵐恭子

愛知県生まれ。10代の頃から歌手を目指し、20代でバラエティ番組の出演など芸能の仕事をスタートする。26歳で愛知に戻り、地元のテレビ局で働きながら、アロマ、フードアナリストの資格を取得、占い師の道へ。20年間、営業活動をせず、口コミで広がる。2021年、法人化。現在はKAZEの魔法スクールを立ち上げ、占い、IT、アロマ、起業コンサルなどを行っている。タロットアロマのオリジナル商品が、三越など大手百貨店で販売中。

1日のスケジュール

8:00 起床・掃除・身支度
10:00 仕事開始（占い、起業コンサル、タロット講座、PC講座、タロットアロマ講座）
12:00 昼食
13:00 仕事（会社帰りの方には夜からタロット講座）
21:00 資料作り、インスタ更新、YouTube編集チェック
25:00 就寝

※年中無休。
必要とされているから
仕事があるので、
ほとんど予約も受けます。

人脈、コネ、お金、そして夢とのバランス

14歳の冬、父親が蒸発しました。雪の降る日、学校から帰宅すると、おじいさんが来ており、「恭子ちゃん、お父さんもう帰ってこないわ」と言いました。

父は医者、母は着付けや茶華道の教室を開く、いわゆるお金持ちの家に育ちました。両親が離婚したのち、家を売り、私は転校しなければならなくなりました。天国から地獄とはまさにこのこと。

親せきは誰も手を差し伸べてはくれず、その時に私を窮地から助けてくれたのは、近所に住む政治家と母の叔父である政治家の秘書でした。14歳で私は、政治家、警察、弁護士、医者…権力と地位とお金が人を救えるのだと悟り、人脈を作ろうと決心しました。

私は子どもの頃から歌手を目指し、歌やダンスのレッスンに通っていました。16歳のとき、歌の全国大会に残り、スカウトされましたが、母子家庭だったため、母の反対により歌を諦めました。しかし、どうしても芸能の道を諦めきれなかったので、20歳でアイドルのマネージャーをしながら芸能の道への挑戦を続けました。すると、全国ネットのバラエ

ティ番組の出演が決まったのです。

芸の道はとにかくお金がいります。当時、私の夢に投資してくれるおじさまがいました。少しずつテレビのお仕事が増え、これからだというときに生活費が振り込まれなくなりました。夢を叶えさせてあげたいと思ってくれていたおじさまは、私に好意を持ち、私が離れていくのを嫌がり、夢の邪魔をするようになったのです。

家賃が払えなくなった私は、借金生活を余儀なくされ、泣く泣く東京を諦め、愛知に帰ることになりました。ここでもお金がないと夢は叶わないと知りました。そして、自分で稼げるようにならないといけない、と強く思いました。

愛知に帰り、朝から深夜までバイトを掛け持ちしました。バイトで知り合った方にテレビ局の関係者がいて、コネでテレビ局で働けることになりました。私はこうなりたいと思うと引き寄せます。やはり私は芸能に携わるお仕事が好きなのだと思います。コネ、人脈を使う術はこの頃からできていたと思います。

仕事でも人生でも大事なことは、ギブアンドテイク、いや、ギブギブギブ！なのです。ギブをしている人は成功すると思います。10代の自分は、愛を持って人と接することができていませんでした。そんな自分を恥じました。

よく愛とお金、どちらが大事かと討論になりますが、愛＝お金だと思います。愛と奉仕の気持ちが経営者にとって一番必要だと、これまでの人生経験を通して感じます。経営者は社会に奉仕する使命を持っています。タロットカードでも語られていることです。復活と世界のカードは、次のステージが来る時に出て、その意味が社会奉仕なのです。そして、一番よくないカードの悪魔は、欲望が身を滅ぼす、ということを教えてくれます。人と調和し、自分を律することができる人こそが、思い通りの人生を作れるのです。

「占い師になる」というお告げ

物心ついた頃から母が、「今日は何の夢を見たの？」といつも私に聞いてきました。「あの人の家が燃えていたよ」「あそこの田んぼにコンビニが建つよ」母は私に予知能力があることを知っていたのです。

若い頃、占いに行くと、数人の占い師から「あなた占い師？　自分で先はわかるでしょう」とか、ひどい時は「潜入にきたの？」と占ってもらえないこともありました。

２００９年の私の天中殺の時に、宮崎県の高千穂神社に行きました。突然、頭痛と吐き気がして、「占い師になりなさい」と天から声がしました。お告げでした。

そして、タロット占いと運命学を学びにスクールに通ったら、２か月ほどで先生よりできてしまい、代わりに生徒さんに教えることもありました。イベントに出れば行列ができ、知り合いを占い始めると、口コミでどんどん広がり、20年間、口コミだけで1年中予約がいっぱいの占い師になりました。今では、電話、オンラインでも行い、全国、海外の人も鑑定しています。

なりたくてなったと言うより、「あなた占い師になるよ」と言われたことが頭の片隅にあり、そうなろうとしました。誰かの言葉を信じて、それに向かって勉強をし、努力をする。占いは自分で当てにいくものだと実感しました。

「あなた占い師になるよ。その先に、本を2冊出すので肩書を占い師にしてはいけない。エッセイストにしなさい」と言われました。そこまで具体的に言われる占いってあまり聞かないですよね？　でも、その言葉がずっと頭の中にあったので、この本を書いてみようと思ったのです。

物事はきっかけですよね。誰と出会って、どんな影響を受けたのか。そこはとても大きいと思うのです。人との出会いは、いい出会いばかりではないけれど、最後まで残る人にご縁があり、途中で去って行く人はそれまでの人なのです。

仕事も同じで、お客様に真摯に対応をしていれば、口コミで来てくださるし、リピートもしてくれます。起業して一番の課題が「集客」だと言われますが、これからの時代は特に技術より「人に付く」と言われていますので、普段どのように人に接しているかが大事になります。

私のアピールできるところは、占いと人脈の多さです。逆に不得意なところは、経営者としては一番ダメだと言われる「経営能力」のないところです。何度も失敗を繰り返し、「自分は無能だ」と向き合うことが大事なのです。「自分ならできる」という過信ほど怖いものはないのですから。

主人にも弁護士さんにも、「経営者には向かない」と叱られながらも、私は諦めません。誰でも最初からできるわけがないので、何度も転んで傷ついて、勉強し、努力し、人に助けられながらでも、諦めない人に結果は出るのだと思います。

この泥まみれの経験を元に、経営者とは程遠い私が、少しでも起業したい方の力になれるならと思って、起業のお手伝いをしています。


迷惑しかかけていない主人は、いつも味方でいてくれて、私の才能に投資をしてくれます。「君は、東京でも海外でも、どこかへ行くと必ずビジネスを拾ってくる。だから、お金がなくても貸してあげるから行きなさい。あげると言うと自分に甘くなるから、僕は立派な経営者になってほしいから、敢えて貸すというからね」と。

いつも「主人は神様だ」とお客様と話しています。いつか立派な経営者になれる日が来るのならば、それは主人が味方でいてくれたからだと思います。家族の応援は本当に必要です。お子さんやご主人から、何かしたいと言われたら、応援してあげて欲しいです。

自分の手で稼ぐ力を―KAZEの魔法スクール―

占いに来る半数以上の方が、今の仕事は将来が不安だ、楽しくない、希望がないと暗い顔で来ます。不思議なほど、占いに来た方は起業したほうがよいとカードに出ます。特に女性の場合、子育て、家事もしなければいけないので、働きたい、稼ぎたい、でも現実は難しいと悩まれている方が本当に多いです。

女性もバリバリ働いて輝く時代が来ました。そこで女性がなるべく短期間でスキルを身に付けられ、起業もできるように支援する、風の時代のビジネス方法を教える「KAZEの魔法スクール」を立ち上げました。スクールでヒットしたのは、タロットから導くアロマブレンド術とトリートメント講座です。自分も癒されて、人の悩みも解決できる今の時代にマッチしているお仕事が人気です。

私自身、家庭と仕事の両立に何年も苦しみ、毎日疲れ切って泣いていました。孤独との闘い。経験したからこそ分かる、女性がどれだけ社会で活躍できるか?という現実。

朝食やお弁当を朝早くから作り、掃除をして、10時から夕方まで仕事をし、買い物、夕飯の支度、塾の送迎、一息つける時間は1日のうち寝る瞬間のみでした。良妻賢母でいないと仕事で結果を出しても認められないと思っていたのです。世界を見たら、もっと自分を生きている女性がいっぱいいることがわかります。誰にも縛られない、自由に自分らしく、いきいき仕事がしたい。夜だってお仕事の付き合いに出かけたい。男女平等はいつになったらこの日本で実行されるのか？　そこは自分で切り開くしかないのです。家族に理解をしてもらうために話し合い、思いを何度もぶつけることで協力してもらえるようになるのです。諦めてはいけません。同じような悩みを抱えるお客様も多いです。

そんなプライベートの悩みも解決しつつ、起業をお手伝いするための講座を提供し、教えています。タロットアロマ講座は、スキルを身につけて、どう集客するかを学び、実行できるレンタルスペースも提供します。学ぶだけでは終わらないスクールにしています。

数年後にはなくなる職業がほとんどだと言われています。一早く時代の情報をキャッチし、この先何が残るのか？　そこを考えられる人は生き残れるでしょう。

自分だけは大丈夫。そんな奇跡はもうこの時代にはないのです。自分の手で稼ぐ。常に考えて将来の準備をしましょう。

仕事があって、楽しく自分らしく生活ができる。これは理想だと思います。経営者の悩みはたくさんあるけれど、自由に生きられるのは経営者ならではの特典です。

仕事があるってすごいことなのです。仕事がなくなったら怖くないですか？

「言魂の魔力」

私は夢を口にすると、すぐに形になり、叶います。「言魂の魔力」という引き寄せの法則があります。それは、ビジョンをはっきり言う→神社に行く→早ければ翌日にいい知らせが来る、という流れで起こります。

例えば、芸能人や政治家を占いたいと思ったら、すぐに叶ったし、「来年は商品開発をしたい」と話すと、商品もまだないのに、タロットアロマ商品でデパートでの出店依頼が来て驚いたこともあります。尊敬する編集者の「箕輪厚介さん」に会いたいな〜と思ったら、ラーメン屋で並んでいたときに後ろに現れました。そして、半年後には直接お話ができるようになっていました。そんな驚きのエピソードも多々あります。

「日本一の魔法スクールを作ったら？」と箕輪さんにアドバイスを頂き、その瞬間スクールをつくりました。単純なんです。

私の占いは、必ずメモに書くようになっています。書くことで文字が一人歩きして、魔法がかかって言魂が叶う。メモの魔力の作者、実業家前田裕二さんがくださった言葉です。占いは科学的に証明できるので、僕は信じていると言われました。私の占いはスピリチュアル的なものだけではなく、分析や統計学によってできています。

起業だけでなく、生きていくうえで必要だと思うことは、「自分の可能性を信じること」。頭で考えすぎず、とにかく何でもやってみる。決めたらブレない！です。

占いで良い結果が出たら、占いを当てに行くのです。努力と勇気がある人に神様は微笑みます。これからは土の時代と風の時代、機械と人の心、愛。どちらも繋げられるビジネスをできる人が生き残るでしょう。

学んだことはいつか必ず役に立ちます。私は20年前にアロマの勉強をし、今仕事に繋がっています。お金がないから勉強できないと言う人が多いですが、夢に投資は必須です。お金をかけた分だけ自分に返ってきます。

手に職、企画力、個性、この3つのどれかがあれば自分の足で生きていけます。

こうなりたい！　と強く思う、引き寄せる、魔法はかかるものです。

本当にやりたいことがあるとか、こうなりたいと思っている人は、その夢だけに一途に、よそ見せずに突き進むことです。ブレないこと、情熱を持ち続けること、自分を疑わないこと。そして、勉強したら毎日復習すること、そして妄想しまくることです。

将来の想像ができる人は、その通りになっていくものです。

10代から波乱万丈でよかったと思います。さまざまな経験をしてきたからこそ占い師という仕事ができるし、コンサル業もできます。人生経験が豊富なほど、苦労をすればするほど、どんな人が相手でも会話ができるし、度胸もつく、面白い人間になれるのです。話していてもつまらない人には、また会いたいとは思いませんものね。

人生経験が最高の宝物です。どんな世界にでも好奇心を持ち、飛び込める勇気をもって、タロットカードの0のFOOL（愚者）のように軽やかに風に乗って生きましょう。

一人では叶えられないことも、人と支えあっていけば叶います。ロボットにはない心の大切さをこれからの時代は一番求められます。愛を与えられる人の人生がうまく回る仕組みなのです。

そして、視野を広く持つこと。世界の人と仕事をする、繋がっていくことが大事だと思います。私は海外のお客様も多いので、海外での占い、講座も準備しています。外国の方にも講座をしているので、語学を苦戦しながら少しずつ勉強しています。経営と法律は、30代の東大卒のキレッキレの弁護士に教わっています。

また、私の日常や講座の風景などは、テレビ制作会社にYouTube番組を作ってもらってアピールしています。人と同じことをやっていては行き詰まってしまうので、常に差別化をし、世界を見て一早く動くことをしています。

「早すぎる」「もっとしっかり計画をして、地に足をつけてやったら?」と厳しく言われることもありますが、直感を信じることも人生には必要だと思います。タロット占いには、直感、タイミング、バランスが一番のキーワードになります。この3つがうまくできるようになれば人生がうまくいくし、ゲームで勝てるのです。

タロットとは、自分をうつしだす鏡なのです。カードの意味を知ると、人生って面白いなぁと思います。私は貪欲なわがままな人間です。タロットカードを通じて自分の人生を見ているのでしょう。先生っぽくもない、経営者としても今のところ無能な私ですが、たくさんの生徒さんとお客様がいてくれます。

〝人に愛を与える〟ことができる、寄り添える占い師としては自信があります。こんな人間臭い占い師の面白いタロット講座、タロットアロマ講座を受けてみてもらいたいです。きっと自分の可能性を知ることができると思います。

失敗を繰り返し、人に何度も裏切られても、それをバネにして立ち上がる。本当につらいことがあった時、箕輪さんが「編集者も占い師も同じだよ。結局人につくんだよ。傷つき、苦労すればするほど成功する。仕事ができる人は、経験をどれだけ積むか、人と寄り添えるか、エピソードがあればあるほどうまくいくよ」と励ましてくださいました。お客様や生徒さんにはいつも希望と夢を与えられる、そんな占い師、経営者でいたいです。

私が芸能人を目指していたときの目標は、「人に夢を与えられる人になりたい」でした。職業は違ったけれど、今、私はその夢を叶えています。

生き甲斐、やりがいのある人生、仕事。
「愛と信頼で人と心を動かすこと」

あなたへのメッセージ

生きる上で大切なのは
「自分の可能性を信じること」。
頭で考えすぎず、
とにかく何でもやってみる。
決めたらブレないことが大切。

五十嵐恭子さんへの
お問合わせはコチラ

小さな成功体験から歩み始めたコピーライターの道を、一生モノにするために

株式会社AO CHAN 代表取締役
コピーライター
／クリエイティブディレクター

石本香緒理

岡山県生まれ。大学卒業後、広告の営業職を経て、クリエイティブ職として地方の広告会社から大手広告会社まで4社にて実績を積む。2022年、クリエイティブ・ブランディングカンパニー株式会社AO CHANを設立。言葉を軸に、企業やブランド、商品などを世の中の人とつなぐことに力を注ぐ。また、誰もが自分自身を大切にできることを目指して、For Me Projectという活動も展開。広告賞を多数受賞。

1日のスケジュール

8:00 起床・朝食
9:30 メール対応
10:00 企画打ち合わせ
12:30 昼食
13:00 広告主にプレゼンテーション
15:00 コピーや企画、アイデアを考える
18:30 愛犬の散歩
19:00 夕食
20:00 入浴
21:00 コピーや企画、アイデアを考える
23:30 テレビやYouTubeを見る
25:00 就寝

苦しむなら、ワクワクできることで。

私は十数年間、広告クリエイティブの分野で仕事をしています。具体的には、ＴＶＣＭやウェブムービーなどの企画を考えたり、ポスターや新聞広告のメッセージを考えたり、それらが複合的になったキャンペーン全体の制作指揮をしたり、です。

広告業界といえば、デザインやマーケティングを学んだ人が進むものというイメージを持っている方も少なくないでしょう。私もその一人でした。大学生の頃、研究室で酵母菌の研究を行なっている自分とは無縁の世界だと思っていました。

そんな私がなぜ、この道に進んだのか。就職活動中に見た、あるドラマがきっかけでした。当時、親が勧める地元の有力企業やインフラ系企業など、なんとなく地元での見栄えがよさそう、大学で学んだことにちょっと近そう、といった、ぼんやりとした選択基準で採用試験を受けていました。その中で、とんとん拍子に最終選考まで進んだ企業があり、正直浮かれていました。結果は、惨敗。天国から地獄とはこのこと。それまであまり苦労せず、傷つかずに就職活動をしていたので、圧迫面接への免疫がなく、高圧的な言葉によって自分のすべてを否定されたような気持ちになり、かなり落ち込みました。１週間くらいほとんど飲まず食わずで布団に潜っていました。この引きこもり生活のなかで、私の心に光を照らしてくれたのが、クリエイターが大手広告会社から独立するドラマでした。元の会社の仲間の裏切りや嫌がらせがありながらも、自分たちのつくったものにワクワクしていたいという素直な気持ちで仕事に向き合う姿を見ていると、スーッと視界が開けていくのを感じました。

仕事には、困難なこと、傷つくこと、苦しいことがあって当たり前。だからこそ、自分がワクワクできることを仕事にして、苦しささえも楽しめるくらいでありたい、と。以降、ドラマの中の憧れをそのままに、広告業界で就職活動を再開。結果、東京の広告会社の営業職として社会人キャリアをスタートさせることとなりました。

その後、東京から地方まで6つの会社で広告の経験を積みました。1、2社目では営業としてプロモーションや広告の企画・営業を行いました。広告づくりの過程やお金のことを一通り経験し、27歳のときに、仕事でつながりのあった愛媛の広告会社に誘っていただき、プランナーとして転職。ここからクリエイティブとしてのキャリアをスタートさせました。この会社で、コピーライターとしての道を示唆してくれたアートディレクター（デザインに関することの責任者）の先輩に出会いました。

入社早々、先輩からポスターのキャッチコピー（告知や宣伝に用いられる謳い文句）の制作を依頼され…。キャッチコピーなんてちゃんと書いたことはありませんでしたが、二つ返事で引き受けることにしました。あれやこれや考えて、先輩にコピーを見せると、「石本、コピーライターになりなよ！」と言われて、よし！なってやろう！と、とてもスムーズな流れで決意したのを覚えています。自分でも驚きの展開でした。実は私は、国語が大の苦手。正確に言うと、そう思い込んでいたという話なのですが。人生の節目の試験では国語（現代文）に足を引っ張られつづけて、すっかり苦手意識に覆われていました。

なぜ、国語が苦手だと思っていた私が、コピーライターという言葉を生業とする道を進もうと思ったのかというと……。それは、先輩にコピーを褒められたとき、お母さんに標語や作文を褒められた小学生の頃のことを思い出したからです。そういえば、あの標語もあの作文も、県のコンクールで受賞とかしたなあ、と忘れかけていた成功体験が蘇ってきました。

自分がイメージする自分の得意・不得意に縛られていてはもったいない。失敗体験ではなく、小さくてもいいから成功体験のほうを大切にしておけば、いつか人生を切り開くカギになるかもしれません。

「できない」と「やらない」は全然違う。

コピーライターは免許職業ではありません。名乗れば、誰でもなれるものです。だからこそ、クライアント（広告主）の安心や、自分自身の自信のために、「お墨つき」が必要だと考えました。

お墨付きといえば、「賞」です。広告やキャッチコピーの賞を獲れるようになろう、と決意。そのためには、業務でコピーを考えることだけでは足りない。基礎をきちんと身につけ、幅広い視点を培うことが重要だと思い、コピーライター養成講座というものに通い始めました。当時は愛媛の松山で働いていたので、毎週土曜、高速バスで大阪の基礎講座に通っていました。基礎を卒業したあとは、飛行機で東京の専門的な講座にも通いました。

第一線で活躍するコピーライターやＣＭプランナーの方々の話は、日常では得られない大きな学びと刺激がありました。講座の時間は、なりたい自分へのイメージが膨らむ時間。それと同時に、焦りやもどかしさを感じる時間でもありました。一緒に受講していたメンバーには、私より若く才能で溢れる大学生や、大手広告会社でコピーライターとしてバリバリ働く人もいました。すごいな、立派だな、と感じる人たちが近くにいると、自分の力量や置かれている状況を嫌でもひしひしと感じました。これは本当によい体験だったと思います。自分の現在地を正確に知ることは、夢との距離を縮めたり、足りないものを補ったりするのにとても重要なことです。この時間があったから、立ち止まることなく突き進んでこられたのだと思います。

当時、周りからは、「急いで大阪や東京の講座に通わなくてもいいんじゃない?」「目指す賞を地方から受賞するのは難しいと思うよ」といった声もありましたが、心は揺れませんでした。だって、学ぼうと思った時に学ぶのがいちばん吸収できるはずだし、講座に通ってみてから継続が難しいのかどうかは判断すればいいこと。賞だって、応募してみてはじめて見えてくる自分の長所や短所があるはず。何よりも、参加しなければ、喜びも悔しさも味わうことはできません。

だから、箸にも棒にもかからない頃から賞に応募しつづけ、落選しては落ち込み、大泣きして、やめたくなって。でも、その度に、分析し、自分の足りないことや他の人にある新しい視点を学びながら次に活かしていきました。少しずつ、いろいろな賞を受賞することができ、数年後には、目指していた賞も受賞することができました。

やってみてできなかったということと、はじめからやらなかったということでは、表に見える結果が同じだったとしても、その中身、過程、次への可能性には雲泥の差があります。怖くても一歩踏み出した人にだけ見える景色があるから、「やってみよう！」という気持ちをいちばん大事にしたい、といつも思っています。

この気持ちは、転職するときにも私の背中を押しました。より広いフィールドで働いてみたい、と思い、30歳のときに愛媛から名古屋の広告会社へ、35歳のときに名古屋から東京の広告会社へ転職しました。

名古屋は知り合いもいない初めての土地で不安もありましたが、働いてみたかった大手広告会社のグループ企業で、CMや動画の企画・制作をたくさん経験できました。そして、いまでも一緒に仕事をする仲間にも巡り会えました。

東京への転職は一般的に見れば、躊躇するものだったかもしれません。35歳という転職としては高めの年齢で、入社後に求められることも自ずと高度になります。大手広告会社だったので、働く環境もそれまでとはガラリと変わり、周りにはデキる人ばかり。あらゆる物事がスピーディーで、考えなければいけないことも多岐にわたり、毎日をこなしていくのが精一杯。でも、大変というよりは、毎日がとにかく刺激的でした。打ち合わせは自分の頭の中をさらけ出す勝負の場。同時に、他の人の考えやアイデアを聞いて感動してワクワクする場。広告業界を目指したときの「仕事というものに苦しさがあるなら、ワクワクすることで苦しみたい」という気持ちを体現したような時間でした。ここで培われたアイデアを出す速さや広さ、コミュニケーション全体を考える力は、起業した今でも自分の血となり肉となっています。

自分の望むキャリアプランや転職を実現できたのは、その時々で必要だと思ったアクションを、照れずに、戸惑わずに、あきらめずに実行してきたからだと感じています。運のいいキャリアアップもあったかもしれません。でも、「運がいい」というのは天から降ってきたような受動的なものではなく、実はとても能動的なものではないかと考えます。失敗を恐れず行動しつづけることで、人やコミュニティ、物事への接点が広がり、チャンスに出会いやすくなるのだと思います。

そして、アクションを起こしつづけたことで、仕事とは別の経験も広がりました。大学や講座の講師をしたり、賞の審査員を務めたり、雑誌に寄稿したり、トークショーに登壇したり。こういった経験は、本業のほうにもフィードバックできる内容がたくさんあり、コピーライターとしての充実にもつながっています。

新しいことをするとき、できなかったらどうしようという不安はつきまといます。でも、決して「やらない」という道は選ばないで欲しいです。例えできなかったとしても、そこで諦めないで欲しいです。「できなかった」は、いまはまだできていないだけで、これからできるようになる可能性を秘めているから。

流されてみたら、流れに乗れるかも。

私の場合、起業準備だけに費やした日数は、0日です。会社員時代と同じ業種での独立だったので、法務や税務の必要な手続きを仕事の合間に進めた程度でした。そもそも独立しようと決めたのも、仕事の悩みを知人にぽろっと話したときに、「独立したら？　独立するならお願いしたい仕事があるんだけど」という言葉をもらったことがきっかけでした。別の場所でも同じようなことが数回つづき、「いま、そういう潮目なんだ！」と確信し、すぐに独立を決めました。

会社を退職した翌日から個人事業主としてスタート。2か月ほど経ったところで「大丈夫そうだな」という実感があり、取引締結のことや今後の仕事の広がりを考えて、株式会社AO CHANの設立に至りました。

独立、法人化ともに、そのときの流れに流されてみて、結果、いい流れをつかめたように感じます。「流される」といっても、ただ流れに身を任せるのではなく、人生や周りの環境の潮目を敏感に感じとりながら見極め、意思をもって流されるということです。後々、同じ業界で独立した人の話を聞いてみると、1年くらい前からシミュレーションしたり、準備したりしている人が多かったので、もっと計画性をもって進めたほうがよかったのかなとも思いましたが、計画を立てている間に潮目を逃してしまっては本末転倒。起業準備の手順も期間も人それぞれであり、私にとっては、思い立ったときがやはりベストなタイミングだったのだと思います。

恋愛や結婚と同じように、起業もタイミングがすべてと言っても過言でないかもしれません。そのタイミングも、自分の中にあるという場合もあれば、意外と自分の外にある場合も多い気がします。信頼できる人の言葉に耳を傾けてみるのも、潮目を見極める方法のひとつだと思います。

そして、「営業活動をしなかったこと」も、いい流れをつかめた理由ではないかと考えます。人も時間も限られた経営資源のなかで、「仕事を広げること」より「仕事を深めること」に注力しました。すると、ある仕事で関わった人が別の仕事に誘ってくださったり、クライアントを紹介してくださったり、仕事が仕事を呼ぶという好循環をつくることができました。依頼された一つひとつの仕事に真摯に向き合い、相手の想像を超える提案や仕上がりにすることが、つまりは営業活動になっていくのだと思います。

もちろん直接的な営業が必須な業界もあると思います。例えばオープンしたばかりのお店なら新規客を増やさなければいけません。でも、新規の集客に気を取られるより、いい

商品やサービスの提供に力を注ぐことで、いいクチコミが生まれ、新規・リピーターとも
に増やしていけるのではないか、と考えます。目の前の仕事にベストを尽くす。それを第
一に考えることは、どの分野でも大切なことな気がします。

加えて、お声がけいただいた仕事にはすべて参加し、新しい仕事の流れを止めないよう
にしたことも功を奏したのだと思います。仕事の数が増えるのと同時に、さまざまな人と
の接点が増え、仕事が掛け算のように広がり、いい流れができあがっていきました。

たくさんの人とのつながりが生まれたことで、仕事の数だけでなく、幅も広がりまし
た。これまでは商品や企業をどう発信し、どう世の中との関係をつくっていくかという広
告の領域がメインでしたが、商品やブランド自体を生み出すお手伝いをすることも増えま
した。商品やブランドのコンセプト開発やネーミング、世界観づくりなど「はじまり」の
部分に立ち会うことで、広告づくりとは別の脳を鍛えることができ、ビジネス的視点も磨
け、大きな収穫となりました。

人生の分岐点では、立ち止まったり、流れに抗ったりすることが「ちゃんと選択するこ
と」だと思いがちでしたが、流れに流されてみるということも「ちゃんと選択すること」
であり、自分の可能性を広げるチャンスだと思いました。

信じられる仲間と、信じられる仕事を。

これまでの会社員人生でも起業してからも、信じられる人たちとの出会いがあったから、いまの私があると思います。同じ志を持つ人、道は違うけど尊敬できる人、いつも新しい感覚をくれる人、本当のことを言ってくれる人、ボヤキを聞いてくれる人、最後まで一緒に走り抜いてくれる人。そんな人たちが隣にいてくれたから、やりたいことに一歩踏み出し、最後までやりとげることができました。

いま、信頼する女性クリエイター2人（グラフィックデザイナーとフォトグラファー）と一緒にユニットを組み、For Me Projectという活動を展開しています。テーマは「誰もが、自分の心や体、毎日を大切にできるきっかけ」をクリエイティブの力でつくりだすこと。仕事柄、心身を酷使したり、ちょっとした不調なら見過ごしてしまう私たち3人の実感から生まれた活動です。仕事と部活の間のような場となっています。

「それは本当に誰かのためになるのか」「自分自身があったらいいなと思えるものか」など世の中や生活者の視点を大切に、形式ややり方にこだわらない課題解決をしようと取り組んでいます。

例えば、お風呂で使う乳がんセルフチェックシートをつくり、大学や銭湯とコラボして啓発ポスターとして貼り出したり、カフェとコラボして自分を労う新しい勤労感謝のカタチを発信したり。そして、農業生産者と一緒に6次産品を開発するコンテストへも参加しました。自然の力を活かした栽培法で丁寧に育てた黒米を使って、食べる人と地域の両方を元気にできるような商品を目指しました。商品コンセプトの開発はもちろん、製造工場探し、製造計画、販売ルートの開拓、プロモーション設計など、これまでの広告づくりの枠を越える作業も多々ありましたが、3人のアイデアとフットワーク、そして生産者さんや協力してくださる皆さんとの連携で完成させることができました。見事、コンテストでは最優秀賞に選ばれ、市の認定商品にもなりました。

このFor Me Projectの活動を通して実感したこと。それは、アイデアや想いに賛同してくれる人や、新しいことに挑戦したいという気持ちを持った人はたくさんいるということ。そして、地域には光を浴びていない、いいものがまだまだ眠っているということです。

この気づきから、今後やってみたいことが見つかりました。地域の方々が自分のつくるものや商いを自分で発信するためのノウハウを身につけられる場をつくること。そして、地域の広告クリエイターとネットワークを構築し、その地域の生産者や小売店の方々とクリエイターが出会える場をつくることです。同じ場所に暮らす人たちが、一緒に階段を駆け上り、地域全体が盛り上がっていくことが、地域を根っこから輝かせることにつながるのではないかと考えます。

クリエイティブの力で本当に必要なものを、本当に必要な人に届けるために。「これはやるべきことだ！」と信じられる仕事を、信じる人たちとやっていくことは、容易いことではありません。でも、起業してから、とても実現しやすくなったように感じます。以前よりもさらに、正しいと思うことや楽しいと感じることにまっすぐ進んでいけるようになりました。確かに、会社員のときにはなかった責任や不安といった新しい障壁はありますが、それを越えるくらいのワクワクとやりがいがあります。信じる道を進みたかったら、起業するのが近道かもしれません。

何かを実現するための道のりは、仲間探しの旅です。一歩踏み出した人だけが、新しい仲間を見つけられます。一歩一歩を重ねる度に仲間は増え、それが次の一歩への原動力にもなっていきます。

だから、踏み出すことを恐れないでください。最初の一歩は自分一人だったとしても、次の一歩は信じられる仲間と一緒に、もっと大きな一歩を踏み出せるはずです。あなたの信じる道を、信じられる人と一緒にワクワクしながら進んでいってください。

あなたへのメッセージ

踏み出すなら、
自分が本当にワクワクできるほうへ。
その先には、
もっともっとワクワクできる
世界や人が待っているはずだから。

石本香緒理さんへの
お問合わせはコチラ

幼少期に描いた
絵から始まった
空間デザイナーに
なるまでの物語と
夢の叶え方

株式会社L' s place 代表取締役
不動産業／建築設計デザイン

木村美琴

1986年、熊本県生まれ。幼少期の困難、逆境、理不尽な実体験から、不動産業・建築設計デザイン会社を設立。「空間のデザイナー」として、自分の居場所を大切にしている人へ想い出に残る空間を提供している。2022年には「心の居場所」として、L ‘s place 初となる絵本をクラウドファンディングにて公開。

1日のスケジュール

6:00 起床・愛犬と散歩
7:10 子どもたちと支度・会話した後、送り出し
8:00 1日のスケジュール把握・メールチェック
8:30 勉強
9:00 打合せ先へ移動
19:00 帰宅し夕食
20:00 愛犬と散歩
21:00 お風呂で明日のスケジュールチェック
22:00 事務作業・明日の資料準備
23:30 就寝

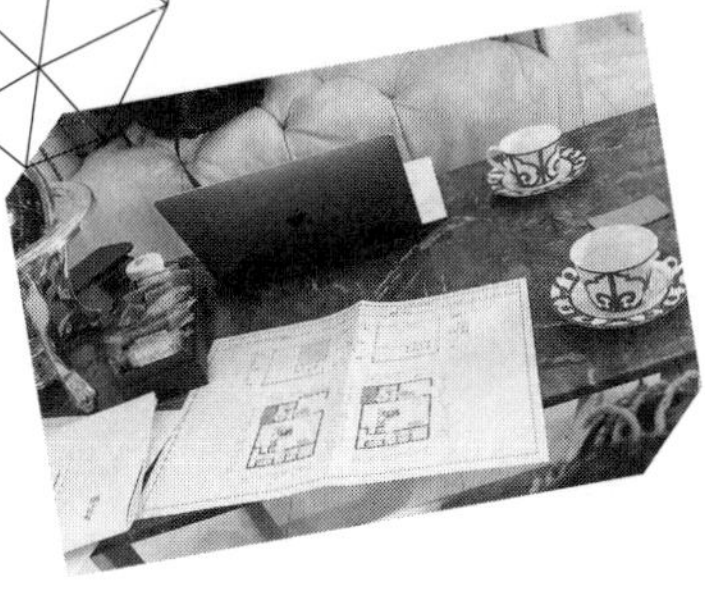

1枚の絵から始まった夢物語

こんにちは！　ＭＩＫＯＴＯです！

今回はこの書籍にて、私が会社を起業するまでにやっていたことや、気分が上がるような起業後のお話を書きました。

「人は何者にもなれる」ということを、皆さんに伝えられたら嬉しいです。

ＭＩＫＯＴＯさんは、なぜこんなにバイタリティーがあるのか知りたい！とよく聞かれるので、まずは私の幼少期のころのお話しをしていきたいと思います。


私には、温かく優しい母と、力強くかっこいい父がいました。お誕生日にはクマのぬいぐるみを買ってくれて、楽しい想い出を胸に抱き、暖かいベッドで皆一緒に眠る。

私は３人で暮らす毎日と、クマが大好きでした。

でも、そんな幸せな毎日はいつまでも続きませんでした。私が４歳の頃、母は一人で泣くことが多くなり、そして、大好きな父がいなくなってしまったのです。

その頃はいっぱい泣きました。涙がなくなるまで泣き続けました。

大好きなパパ、戻って来て。どうしていなくなったの？

私が良い子じゃなかったから？

考えても考えても、もう父は戻ってきませんでした。


しかし、本当に大変だったのはそれからの生活だったのです。

「お母様とお子様だけですか？　難しいですね……」

当時、母子家庭にお家を貸してくれる所はありませんでした。仕方なくおばあちゃんの家の2階にお世話になり、私と母の生活が始まりました。

父がいなくなった後、母は私のために昼も働き、夜も働き、本当に一生懸命働いていました。週末の夜には夜のお仕事をお休みして、美味しいごはんを用意してくれたし、いろんなところに連れて行ってくれました。

でも、私は知っていました。私が母を心配しないよう、いつも「ママはおなかがいっぱいだから」と笑って私の分だけ料理を用意してくれる母が、夜中にこっそり残り物を食べていることを。遊びから帰ってきて疲れてぐっすり寝た私の姿を優しく見守った後、唯一の週末の休みをとったはずの母が、夜中まで必死でお仕事を頑張っていることを。

だから私は、お友達がママと一緒に寝る時のお話や、家族みんなで旅行に行った楽しそうな話を聞くと、寂しくなったり、うらやましく思ったりもしましたが、頑張って私を守ろうと必死な母のことを思うと、とても言えませんでした。

そんな私にも、とっておきの幸せな時間がありました。それは母が仕事から帰ってきて次のお仕事へ行くまでのほんのわずかな夜の時間です。昼のお仕事でヘトヘトなはずなのに、母はいつもニコニコ笑顔で私の話を聞いてくれました。

ある時から私は、その幸せな時間の中で、母と暮らす夢のようなお家について話すようになりました。

おしゃれなキッチンに広いお庭。

明るいリビングに、母と入る楽しいお風呂。

私は鉛筆を握りしめ、母との楽しい生活を思い浮かべて、母と暮らす幸せな家の絵をたくさん描きました。

その絵を見た母は、ニコニコした笑顔の優しい声で、

「いつかこんなおうちに一緒に住みたいね！」「あなたが描いてくれたお家をいつか建てた時のために、そのお家に合うクリスマスツリーを買いに行こうか」

と言って、一緒にお出かけをしました。

私は大きなツリーを見つけて、

「こんなキラキラしたクリスマスツリーのあるお家は、きっと温かくて幸せでいっぱいなんだろうな」そんなことを思いながら、そのツリーを眺め、目をキラキラさせていると、母はその大きなツリーをプレゼントしてくれました。

私はその時、「こんなラクガキの絵を、叶うかもわからないような子どものラクガキの夢なのに、本当に新しいお家用にと買ってくれた想いと、いつも寄り添ってくれる母を絶対に大切にしよう。そして、本当にキラキラした素敵なおうちに住ませてあげたい」と思うようになりました。

ここまでが私の幼少期のお話しです。

仲間との出逢い

大きくなった私は、「ママを素敵なおうちに住ませてあげる」という大きな夢を叶えるために、いっぱい勉強して、いっぱい働きました。辛い思いをすること、全部を投げ出したくなることもありましたが、いつも心の奥底にある母の笑顔と夢を叶えるために、とにかく一生懸命頑張りました。

なにも知らない私が夢を叶えるのは、想像以上にとても大変でした。

「そんなことも知らないの？」とバカにされたり、「女の子一人で何ができるっていうの？」「夢なんか持ってもどうせ叶わないよ」と笑われたりしたこともありました。

私はそんな時、一人で泣いていました。

ところがある日、一緒に勉強していた女の子から、こんなメッセージが届いたのです。

「まだまだ夢と現実との狭間で戦う私たちだけど、美琴さんの仲間、美琴さんの力に絶対なる！　〝失敗して強くなる〟は絶対。周りに理解されなくても、自分に素直に、が一番！私は自分を好きで信じてくれる美琴さんがいてくれたら、それだけでいい」

そのメッセージを見て、私はさらに突き動かされました。

そうだ、ちゃんと見てくれている人がいるんだ！

私は、あきらめずにこつこつと頑張り続けました。それと同時にたくさんの素敵な出逢いがありました。傷ついた日も、失敗した日も、そっと寄り添い、いつも背中を押してくれる仲間ができました。

新しい夢の始まり

ついに私は素敵なお家を作り、大好きな母と過ごす幸せな毎日を手に入れました。子どもの頃から何度も夢に見た、母との理想の暮らしが始まったのです。お家がここまで人を豊かな心にさせることを知りました。私も母も本当に幸せでいっぱいでした。

「お母さんが大好き。たくさんがんばった母をこれからは私が守っていくよ。そして、ずっと目を背けていたあの時の楽しかった想い出も、これからは大切にしていこう」

そう心に決めて、今、私は毎日を過ごしています。

でも、お話はここで終わりではありません。私には2つ目の夢ができました。

自分が幸せでいっぱいになった私は、同じような想いをしている誰かを助けたいと思うようになりました。

ふと周りを見渡すと、自分の側に自分のことを大切に想ってくれている存在がいることを知りました。そんな存在が一人でも居てくれることが、どんなに自分の心を救ってくれるのかを知りました。

「何も知らないから」「女の子だから」「どうせ叶いっこないから」と夢を諦めかけている人を助けたい。そして、たくさんの「家族」や「仲間」を幸せにできるようなものをつくりたい。そう思った私は、２つ目の夢を叶えるために、自分で会社を作ることを心に決めました。

母は言いました。

「あなたの会社って素敵だろうね！」

私のお話は、ここからまた始まります。

自分が作った会社で、たくさんの人たちに幸せと笑顔、そして絆を届けるために。

ないものねだりではなく、今できることを

私がこの本の中で表現したいと思っていることは、
「人は何者にもなれる。あなたにもなれる」
ということです。

夢を諦めそうな日、傷ついた日、どこか落ち着かない気持ちになった時、そんな時にこの本を手に取って、少しでも心の中がふわっと軽くなってくれたら。

時間がないからできない……。

お金がないから挑戦できない……。

と諦めるのではなくて、今ある条件の中で工夫したら、あなたの生活にあった方法を作れます。限られた条件の中で、自分でできることを考えるのはとても大事。

そのためにこの本があります。

「できないから諦める」ではなく、「自分ができることを考えてやってみる！！」

ポジティブにやっていけたら、あなたも楽しんで、冒険家みたいな気持ちでできると思います！

一緒に工夫して、あなただけのマイルールを見つけてみませんか？

人間には、ホメオスタシス（恒常性維持機能）という「元に戻そうとする力」が元々体に備わっているらしいんです。このホメオスタシスは、快適で正常な状態を元に戻す機能なので、例えば、怪我をして、その傷を治そうとするときにもこれが使われるらしいのですが、精神的なところにも働くそうです。

「いつもと同じ快適な状態に戻りたくなる」＝人間は変わりづらい生き物。何か新しいことをしたり、自分にちょっと負荷がかかることを本能的に嫌がる生き物なのです。

つまり、新しい何かをしよう！とすること自体、本当はすごいことなのです！！

「変わらないことが当たり前な生き物」なんですよね。そう考えたときに、変わろうとしている時って、「当たり前じゃなくて異常なこと」だから、変わろうとするときって、恐怖や不安が現れます。これは、「当たり前なこと」なんです！！

このお話を知っているだけで、「なんでできないんだ！」と感じたときも、自己嫌悪に陥りにくくなると思います。気が楽になります。

変わりにくくて当たり前、変わろうとするときは少し力が必要。

でも、できなくても、自分を責める必要はないんです！

それが分かったうえで、ちょっと力を入れてできそうな環境を作る！　ということを続けていくことが、どんどんできるようになっていく人間の一つの生き方だと思います！

で、このお話しから何を言いたいかというと……！！

今、こうやって本を手に取り、自分自身と向き合って習慣化しようとしている行動って、本当にすごいことなんです！！

なので、心から本当にすごいことをあなたはしているって自分を少し褒めて欲しいです。

ここまで読んでくださった方、ありがとうございました。

あなたへのメッセージ

人は何者にもなれる。あなたにもなれる。

だからこそ、

「できないから諦める」ではなく、

「自分ができることを考えてやってみる！」

木村美琴さんへの
お問合わせはコチラ

「会社を畳んでくれ」という
夫からの遺言に対して、
5つの事業を
引き継ぐと決めた
『わたしの覚悟』

株式会社DANKE 代表取締役
株式会社DANKE BEAUTY 代表取締役
美容室／美容室ディーラー／カフェ
／ボディメイク／アイアン家具製造販売

小林佑季子

1978年、新潟県燕市生まれ。学生時代は水泳選手として国体に出場。通信制の美容学校を卒業し、美容室に勤務する。30歳で独立し「美容室トリックオアトリート」を開業。その後、2021年に法人化。現在は美容室2店舗・ダイエットパーソナルトレーニング・カフェ・アイアン家具の製造販売等の経営を行う。モットーは「何事もポジティブに♡

1日のスケジュール

5:00 起床・朝の散歩・ヨガ等
軽くトレーニング

6:00 朝食・お弁当作り

7:00 朝食

9:00 美容室へ出社

18:30 美容室の勤務終了

19:00 帰宅し夕食

20:00 お風呂や日によって
変わる自分時間・トレーニング等

23:00 就寝

シングルマザーとしての覚悟

私には2度の結婚歴があります。1度目の結婚は22歳の時でした。当時、美容師としてお店に立ちながら妊娠・出産し、2人の子宝に恵まれました。息子2人すくすくと育ち、長男が小学生にあがるタイミングで、子どもたちの帰りを自宅で待ちながら仕事がしたいと思い、独立開業を決意。玄関をリフォームし、わずか5坪のスペースに美容室トリックオアトリートを開業しました。

家事と育児をメインに考えていたので、大々的なPRはせず、来店される方は知り合いや近所の方がほとんどでした。それでも主婦業と自分の好きなサービス業を細々できていた毎日はとても充実していました。

ただ、幸せな時間はそう長くも続かず、前の夫とは離婚。小学2年生と保育園の年長の息子2人をもつシングルマザーとなりました。これまでの知り合いだけでの営業では到底食べていくことができないため、一念発起し、美容師として本腰を入れることにしました。

まずはお客様を呼ぶためにと、友人たちにも協力してもらい、チラシを作ってポスティングをしました。徐々にではありますが、お客様も増えてきて売上も伸びてきました。

嬉しい悲鳴ではあるものの、夕飯の支度や洗濯、息子の習い事の送迎など家事もこなしながらの営業となりますので、休む暇はもちろんありません。息子たちは空手を習っており、週7回の練習の送迎をしたり、県外に遠征を行くときは、美容室の営業終了後に息子たちを車の後部座席に乗せて、夜中に現地に向かい、翌日の朝に現地に到着する、といったハードな日もたくさんありました（笑）。

また、長男は病気がちで、度々入退院を繰り返すので、入院の度に次男を実家に預けて市外の病院まで行き、夜は病院の簡易ベッドで寝て、翌日そのまま仕事に出る、ということも度々ありました。

ただ、息子たちに母子家庭だからといって不自由だけはさせたくない。の一心で、仕事にも家庭にも全力で打ち込むといった毎日でした。周りに当時のことを話すと、とても驚かれるのですが、つらいとか疲れたとかネガティブな感情を持つのが嫌でしたので、家事・育児・仕事に対して前向きに充実感をもって過ごすようにしていました。

今思えば、体を壊しかねない無茶もだいぶしたな…と思うのですが、例えば離婚前のように細々とした営業を続けていたら、空いた時間に不安に押しつぶされていたでしょうし、とにかく行動を起こすことで、自分のメンタルをコントロールできていたのだとすると、こういった無茶も時には良いのだと思います。

幸せな再婚から死別と絶望

2度目の結婚は2021年、42歳の時です。相手は、当時の美容室と取引のあったディーラーの営業さんでした。当時から仕事に真摯に向き合う姿勢をとても尊敬していたのですが、そんな彼とひょんな事からお付き合いをすることになり、その後、結婚。子育ても落ち着いて、子どもも大きくなっていたので、夫婦の共通の趣味である車でドライブに行ったり、自転車でサイクリングしたり、お庭で七輪を並べてチョイ飲みしたりと、穏やかですが幸せな日々が続きました。

夫は、結婚のタイミングで前職のディーラーを退職し、独立を決意。2021年2月に会社を設立しました。それが今、私が代表を務める株式会社DANKEと株式会社DANKE BEAUTYです。私の経営していた美容室トリックオアトリートも併合し、夫が社長、私が取締役に就任し、会社運営をスタートしました。

設立してまもなく夫が構想していた「美容室×カフェ×ダイエットジム」の複合施設を新潟県三条市にオープンさせる、というプロジェクトが始まります。夫のディーラー時代にお付合いのあった方々に声をかけ、プロジェクトに賛同してくれた方が続々と社員として入社してきました。

廃工場をリノベーションしての建設でしたので、スタッフ総出で建築作業に取り掛かります。三条市では２００４年に大規模な水害があり、リノベーションする廃工場も水害のダメージを受けていたため、作業は難航し、予定していたオープンを先延ばしする形になってしまいました。それでもスタッフ総出で作業をすすめ、着々と形になってきました。

そして２０２１年9月28日、スタッフや協力会社さんのおかげで、複合施設「Conchus（コンチャス）」がオープンします。皆で協力し合ってオープンに辿り着けたときは、何とも言えない達成感と、皆に対する感謝でいっぱいだったことを今でも鮮明に覚えています。オープンから口コミやＳＮＳでたくさんのお客様にご来店いただき、店舗運営も上々な滑り出しでした。

そんな順調な営業をするなか、夫である社長が頭痛を訴えるようになりました。最初は持病の副鼻腔炎だろうと思い、近くのお医者さんを受診するのですが、それでも頭痛は収まりません。お医者さんの勧めで、大きな病院を受診することになり、精密検査を行うこととなりました。夫は日夜休まず複合施設の建築に取り掛かっていたので、「蓄積した疲れもあったのかな。まぁ大丈夫！」と軽い言葉で話をしていたのですが、私は嫌な胸騒ぎがしていました。

そして精密検査の当日、主治医に呼ばれ、結果を夫と私で話を聞くのですが、結果は「悪性リンパ腫」でした。ガツンと頭を殴られたような衝撃でした。悪夢のような宣告を受け、夫婦でショックを感じているなか、私の頭の中は「夫が働けなくなった場合、私が働いて会社を引っ張っていかなくては」という焦りと不安も同時に出てきました。

これから始まる抗がん剤治療の説明をうけて、夫の闘病生活が始まります。会社の運営もすべて夫が行っていたのですが、不幸中の幸いで運営をまかせられる幹部社員がおり、当面の間、Conchusの指揮はその社員に託し、私は美容師として別店舗の現場に立ち、夫は治療に専念することとなりました。

とにかく夫の無事を祈って会社を運営するしかない。その思いで仕事に取り組みました。結果、抗がん剤治療の甲斐もあり、半年程度で主治医の先生より寛解と宣告をうけました。入院中から「早く現場に戻りたい」と口にしていた夫は、ようやく外に出られると喜んでいました。主治医にも言われた通り、まずはリハビリをこなしながら徐々に現場復帰を目指す形となりました。

寛解宣告から約1か月後、リハビリも順調に進んでいたのですが、ある日の朝、夫が高熱を出しました。かかりつけの病院に確認したところ、すぐに来院するようと言われ、病院に向かい受診したところ、リンパ腫の再発が発覚します。再び悪夢が蘇ります。ショックを隠せずにいたところ、私だけ別室に呼ばれました。

別室で重い空気の中、主治医の口から出たのは「余命3か月」の言葉。

とにかく本能で流れてくる涙を堪えることに必死でした。あまりにも早い再発。あまりにも早いガンの進行。すべてが崩れ落ちる音がしました。あれだけつらい闘病生活を乗り越え、待っていたのは「絶望」でした。ただ、夫本人はただでさえ再発にショックを受けている中、余命宣告を告げると、心が持つか分からないという主治医の話もあり、夫のご両親と話し合いをおこない、余命の話は本人にしない、という決断をしました。

夫へは「絶対治そうね！」と笑顔で接する日々。でも私の頭の中は「余命」という2文字が複雑に絡みついてきます。嘘をついているようで、本当に胸が締め付けられるような思いがありました。

ある日、治療に励む夫と、今後の会社運営に関してどうするか。という話し合いをしました。夫はこれまで運営してくれたスタッフに対しての感謝や、自分が現場へ立てなかったという無念さ、これから成し遂げたかったビジョンを話してくれました。ただ、出した結論は「俺が万が一の時には、会社を畳んでくれ」でした。

夫に万が一があった場合、遺されるのは資産だけでなく、設立のために借り入れた大きな負債もあります。夫は、私の為を思って話してくれたことだと感謝しつつ、夫が遺す会社・スタッフだけは守り抜きたいという意志が大きくなっていました。

そしてある日、一時退院中の夫が突然倒れます。急ぎ救急車で運ばれると、脳への転移が発覚しました。集中治療室にて懸命な治療をおこない、奇跡的に一命を取り留めましたが、意識を取り戻したときには、記憶をすべて失っていました。

私は「あなたの名前は有っていうんだよ」「ここは病院で、病気を治してもらっているんだよ」と一つひとつ丁寧に伝えました。すべての記憶をなくしていましたが、私の呼び名「きーちゃん」だけは覚えていたようで、それを聞いて切ない中に、ささやかな嬉しさを感じました。

その後も、壮絶な闘病生活を続けてきましたが、２０２２年10月13日、その日はとても綺麗な夕日でした。その夕日が沈むころ、夫は47歳という若さで他界しました。

結婚して2年足らずの死別。覚悟はしていたつもりでしたが、今まで堪えに堪えてきた涙が溢れてきて、一晩中止まることはありませんでした。

葬儀は家族と会社での合同葬を執り行い、たくさんの方々がお別れで参列してくださいました。お世話になった方々に「まさかコイツが逝くなんて…」と言われるくらい生前はエネルギッシュで行動力があって、時折無邪気な一面もある皆様から愛していただいた夫の最期でした。

夫からは「会社を畳んでくれ」と言われていた私ですが、葬儀に参列してくださった方々や、葬儀運営を手伝ってくれ、夫や私が不在の時も会社を支えてくれたスタッフたちをみて、大きな覚悟を決めました。

「夫が遺した会社を絶対畳まない！」

天国にいる夫から怒られそうですが、私は大きな覚悟を決めました。これからの会社のことを心配するスタッフたちを集めて、「このどん底から絶対這い上がる！」と宣言しました。スタッフたちは驚きながらも、これからもこのメンバーで仕事ができると喜んでくれました。夫が遺してくれたスタッフたちは、お互いとても仲が良く、明るく一生懸命仕事に取り組んでくれる人たちばかりです。法人の経営に関して右も左も分からない私ですが、そんなスタッフたちに支えてもらいながら、社長として新しく会社経営がスタートします。

どん底から絶対這い上がる！

夫が遺した会社ですが、現在の事業の紹介をさせていただきます。

【美容ディーラー事業】夫が前の会社で携わっている事業です。主に美容室へ美容商材の卸業や、販促のコンサルティングを行っています。

【カフェ事業】複合施設Conchus内にてvise bar（ヴァイスバル）というカフェを運営しています。とてもオシャレな空間で、可愛いスタッフたちが和気あいあいと営業に励んでいます♡

【アイアン家具製造販売事業】夫の古くからの友人でアイアン家具の職人も弊社にいます。おもにアイアン家具の製造や販売をおこなっています。実は夫のお仏壇もアイアン家具で制作してもらい、とてもスタイリッシュで洗練されたデザインで、地元新聞にも取材いただきました。

【美容室運営事業】 私が個人事業主時代から経営していた美容室トリックオアトリートです！　今では2店舗に増え、私含めてキャラが濃い目の6人のスタッフで営業しています。店名の由来は私の誕生日がハロウィンの10月31日だったので（笑）。
【ダイエットトレーニング事業】 ニューヨーク発のダイエットパーソナルトレーニングです。主に私がトレーナーとして、お客様のダイエットやボディメイクのお手伝いをさせていただいております！

このように合計5つの事業を運営しています。

今後のビジョンは、まず会社を軌道に乗せることです。

夫が志半ばで亡くなったので、会社での福利厚生など、まだまだ整備しないといけないことが山積みです。まずは、こんな状況でも残ってくれたスタッフにできる限り働きやすい環境を整えてあげるのが私の役目だと思います。

スタッフたちはとにかく前向きで、積極的に仕事に対する意見を発言してくれます。そんなスタッフに囲まれながら、まずは会社を軌道に乗せることが私の責任でもあり、亡くなった夫への供養にもなると強く確信しています。

大丈夫。大丈夫。大丈夫。

これまでの私の半生を綴ってきましたが、決して順風満帆ではなくて、むしろ日本海の荒波のような人生でした。離婚・死別・借金と、どの人に話しても驚かれるぐらいの大変な経験をしてきました。「もうダメだ」と心が折れかけた時は何度もあります。

ですが、なぜ私が今もこうして笑顔で生きていられるかというと、大きく2つ理由があると思います。

1つ目は「ポジティブ変換」です。

なんでもポジティブに変換する。言葉で言うのは簡単ですが、いざ窮地に陥ると人はネガティブな感情で押し潰されそうになると思います。私もそうでした。

ただ、そんな状況でも、とにかく前向きな言葉を発する。大事なのは声に出すことです。「私は大丈夫」「どん底にいればいるほど、その後は高く飛べる」「絶対やればできる」一種の自己暗示ではありますが、ポジティブを言葉に出すことで考え方も前向きに変わっていきます。逆に「もうダメだ」「できない」などネガティブな言葉を発してしまうと、考え方も後ろ向きになってしまい、どんどん悪い方向へ意識がいってしまいます。

とにかく前向きな言葉を発すること。そうすることで今まで見えなかったモノやコトが見えてきて、前に進むことができるようになります。

2つ目は「周りからの支え」です。

私がどん底に落ちた時、必ず周りからの支えがありました。それは親であったり、息子たちであったり、友人や社員であったり…。もう駄目になりそうな時に、助けてくれる人は必ずいます。よく私は「メンタルが強いね」と言われますが、私は一人で生きていける自信がありません。周りの支えがあっての私だと思っています。これからも支えてもらいつつ、私も周りのことを支えてあげられる人間でありたいな、と日々思っています。

最後に、私の考える「生きる意味」をお伝えさせてください。私の2人の息子の名前にはどちらも「生」という字が入っています。旦那がガンを宣告されてから天国に旅立つまでを、ずっとそばで見ていた私は、生きるということへの考えや価値観が大きく変わりました。人はいつ誰に何があるか分からない。だから今会いたい人に会って、今食べたい物を食べて、今やりたい事をして、今好きな人たちと一緒にいる。とにかく最後に悔いが残らないように生き抜かなければならない。新型コロナウイルスの縛りで、最期に会いたい人にも会えなかった旦那を見て、強く感じました。

生きるということは楽しい事だけでなく、つらい事や目を背けたくなるようなこともあります。今まさに最悪な状況で先が見えない。どん底にいると思っている方に、少しでも私の体験談を通して気持ちが楽になってくれれば、こんなに嬉しいことはないです。

とても悲しい事、つらい事がたくさん起きましたが、私は元気で今も現場に立っています。あなたにこれから幸せで、楽しいことがたくさん起こることを心より祈っています。

締めの言葉に、私の師匠から頂いた言葉を載せさせていただきます。

「ひとりじゃない。大丈夫。大丈夫。大丈夫」

心で3回ゆっくり唱えてみてください。心が穏やかになって前を向く気持ちが少しわいてきますよ。

あ、新潟にお越しの際は、ぜひご連絡ください！

「飛びっきりの元気」をお土産でお渡しします！

あなたへのメッセージ

どんなに辛い状況であっても、
とにかく前向きな言葉を発すること。
そうすることで、
今まで見えなかったモノや
コトが見えてきて、
前に進むことができる。

小林佑季子さんへの
お問合わせはコチラ

小心者だからこそできる従業員を定着させながら、新事業を次々と立ち上げるビジネス展開法

合同会社Linkage 代表取締役
教育業／サービス業

島崎幸恵

1990年、愛知県出身。父の影響で警察官を目指すも、警察学校時代に起業を決意。首席で学校を卒業し、営業会社、カンボジアでの就職を経験する。その後、26歳妊娠中に会社を設立。事業内容は5つの分野と多岐にわたる。外国人向けや子ども向けの教育に力を入れており、「家庭教師 effect」や「Aim high school」などオリジナルブランドやＦＣ経営も行っている。

1日のスケジュール

6:30　起床・朝ごはん準備

7:30　息子を小学校へ送り出す

9:00　本社へ出勤（事務作業）、または現場へ直行

15:30　教育事業のいずれかに出社

19:00　帰宅し従業員からその日の電話報告

19:30　夕食

21:00　お風呂・息子を寝かしつけ

21:30　教育、仕事について考える

23:00　就寝

想像できる未来じゃつまらない！

「自分が努力したと思う以上に努力をしなさい」

これが父の口癖でした。この言葉が正しいことだと信じて疑わなかったのは、父が警察官として大成していたからかもしれません。勉強や習い事など、何をするにも「嫌だな」と感じてからがスタートであり、そこからが本当の〝努力〟だったのです。

〝努力〟をしたときは、おのずと良い結果がついてきましたし、それが足りなかったときは思うような結果にはなりませんでした。父はその結果について、ほめたり怒ったりしたことはなく、決まってこう言いました。

「本当に努力をしたか、自分の心に聞いてみなさい」

この言葉を聞くたびに、私は自分の心と向き合ってきました。本当に精一杯がんばれていたか、怠けていなかったか。〝自分が努力をしたか〟を評価するのは、父やほかの誰でもなく自分自身であり、また、その努力と自己評価の繰り返しは、確実に自分のスキルアップにつながりました。

しかし、不思議と達成感を味わうことは少なかったように思います。この理由に気づいたのは、就職してからのことでした。教育大学に在学していましたが、就職先に選んだのは警察官でした。おそらく、父が結果を残した警察官という仕事に興味があったからだと思います。

警察学校での生活は、想像以上に厳しいものでした。教官の怒号が毎日、飛び交っており、朝から晩まで授業とハードなトレーニングの繰り返しで、はじめのうちは訓練をこなすことでいっぱいいっぱいだったため、余裕がありませんでした。

それなりに努力をしながら日々を過ごすうちに、何のためにがんばっているのか分からないことに気づきました。私には目標がなかったのです。思えば、今まで達成感を味わってきた時はすべて目標を達成した時でした。目標を立てずにがむしゃらに努力するだけでは駄目だと思い、今まで以上に自分自身と向きあい、仕事についての目標や夢に関して真剣に考えました。

《5年後の自分の姿が想像できないように生きる》

これを仕事に対する目標と決め、起業してから8年目の今でもずっと意識しています。

未来の自分の姿が想像できるということは、自分の成長がそこで止まってしまう恐れがあると考えたからです。限界を超えた努力をし続けた先の未来は、その時の自分が想像できないような未来であってほしかったのです。

私は、経営者になって自分の成長をとことん追求しようと思いました。警察官を退職すると決めてからは、父を納得させるために学校を首席で卒業することを目指しました。目標が決まってからは、日々の訓練や、教官から学ぶことすべてに意義を感じましたし、みんなが寝静まってからベッドの中で隠れてトレーニングをしたりするなど、それまで以上に努力していたと思います。無事に学校を首席で卒業し、そこから経営者としての〝成長の旅〟が始まりました。

みなさんにお伝えしたいのは、

《自分の成長は無限大》

ということです。ペースは人それぞれですが、自己の成長に終わりはありません。

自分の限界を決めつけていませんか？

ぜひ、自分の心に聞いてみてください。

人に救われ、人に悩む

いざ起業すると決めたものの、経営に関して知識がなく、仕事について頼れる友人もいませんでしたので、名古屋にあるインターネット回線の営業会社に就職しました。経営するうえで、〝営業力〟は必須だと考えたからです。また、営業の中でも特に精神的に鍛えられると言われている訪問販売の仕事をあえて選びました。昔から、「大は小を兼ねる」という言葉が好きで、どうせやるなら大きい（苦しい）ものを選ぶことで自分の成長につながると思っていました。

実際に営業の世界に飛び込んでみると、もちろん商材（サービス内容）も大切ですが、何よりも〝人間力〟が大切だということに気づきました。

当時こんなことがありました。訪問した先で、開口一番、「もうインターネットは使っているからいらない」とお断りしてきたお客様がいました。私もそれで納得し、世間話をしているうちにそのお客様のパソコンの調子が悪いというお話になりました。相当困っていましたので、その時は本当に力になりたい一心で、いろいろと調べながら1時間くらいかけてその問題を解決したのです。私も心の底から安堵し、名刺も渡さずにお客様宅を後にしました。すると、すぐに後ろからお客様が追いかけてきてくれ、「あなたは信頼できるから、そちらのインターネットに変えたい」と言ってくれたのです。相手のためにと思っての行動は必ず相手に伝わり、それが仕事の結果につながると気づけた瞬間でした。

「あなただから買ったのよ」

「売りに来てくれてありがとう」

実際にこのような言葉を何回もお客様から言っていただき、いつか起業した時には、すべての人に感謝をされる仕事を心がけようと決めました。私もまた、お客様に救われていたからです。

その後は、カンボジアでの就職、日本語教室ボランティアなどの経験を経て、2016年の5月に合同会社Ｌｉｎｋａｇｅを設立しました。当時、私は妊娠していたので、ちょうど起業準備をするのに最適でした。〝Ｌｉｎｋａｇｅ〟とは〝つながり〟という意味で、どんな時も人とのつながりを大切にしたいという思いから名付けました。

出産後2か月で現場に復帰しました。設立してから3年は、日本に働きに来ている外国人の教育やサポート事業を行っていましたが、ずっと赤字が続き、いつ潰れてもおかしくはない会社でした。売上はなかなか上がりませんでしたし、一番困ったことは、人を雇用してもすぐに辞めていくことでした。従業員が定着しなかったのです。人とのつながりを大切にしようと設立したのに、人で悩まされることになるとは思ってもいませんでした。

どうしてすぐに人が辞めてしまうのだろう。自分で言うのもなんですが、その頃の私は、従業員に対してとても優しく接していました。せっかく入った従業員に辞められることを恐れていたのだと思います。その人がつらそうにしていたら、「大丈夫？　無理しないでね」とか、「休んでいいからね」という言葉しかかけていませんでした。優しく接していても、「思っていた仕事と違った」という理由でやはり退職してしまうのでした。

何度も心が折れそうになりましたし、周りの社長からは、「一人でやったほうが楽だよ」との意見もいただきました。しかし、やはり従業員と関わりながら仕事をしていきたいという気持ちを諦めることはできませんでした。

いろいろと考える中で疑問に思ったことがありました。

そもそも彼らは本当にこの仕事をしたかったのだろうか？

もっと彼らが輝ける仕事があるのではないか？

人材（人という財産）から広がるビジネス

設立して4年目は私にとって転機となる年でした。新型コロナウイルスの影響で、私の周りで失業者が増え、仕事が欲しいという人を紹介されることが増えたのです。

そこで本人たちに聞いてみました。

「あなたたちは本当にうちの仕事がやりたいの？」

彼らは決まって返事が重く、不安な表情で「はい」と答えたのでした。

ああ、もしかしたら今までの従業員も、彼らが本当にやりたい仕事と現実とのギャップの中で葛藤していたのかもしれない。

そう考えると、私が出した答えは一つでした。

《彼らが本当にやりたいと思える仕事を用意してあげたい》

私は一人ひとりとじっくりとコミュニケーションをとりました。彼らが興味あること、やりたいことは何かをとにかくヒアリングしました。やりたいことがわからない人に対しては、今までの経験や性格、向いていること、仕事選びで重視するものを総合的に判断して、彼らにできる仕事を考えました。

しかし、それは簡単なことではありませんでした。結局、私の認知している範囲での職種しか思い浮かばないからです。毎日さまざまな求人サイトにかじりつき、とにかく自分の知らない職種を知ることから始めました。有名で時代の流れにあった職種からニッチな職種にわたって、たくさんインプットすることができ、世界が広がりました。

また、ベンチャー企業やスタートアップ、ビジネスコンテストなどの情報も取り入れ、今後必要になってくるであろう職種も考えるようになりました。私ができることは、従業員の仕事の選択肢をなるべく増やしてあげること。その結果、弊社の仕事の分野が一気に増えました。

今、弊社の業務は、教育、営業、ＩＴ、配送、建築と多岐にわたっています。あのときに来てくれた人材が、今それぞれの分野で頭を張って活躍してくれています。

人材とは、人という財産です。働いてくれる従業員は宝物であり、一人ひとりの考えを尊重することはとても大切であるとつくづく思います。それぞれが自分の得意な分野で生き生きと仕事をしてくれている姿を見ると、私の選択は間違っていなかったと思います。

一つの分野で人材を増やし、極めている会社はもちろん尊敬していますが、

《人材からビジネスを展開していく》

という考え方も一つのビジネスのあり方として、広がっていってほしいと思います。

大切な従業員のおかげで、年商は1億円に達し、初期と比べると4倍近くになりました。今後も人が増えるたびに、新しい分野に挑戦していくつもりです。

ビジネス分野を広げること、これは経営していくうえでのリスクヘッジでもあります。現にコロナウイルスの関係で、外国人労働者が日本に来ず、外国人サポートの事業の売上げがほぼ0となりました。普通であれば倒産の危機ですが、新しく始めていた配送の分野の売り上げが、それもまたコロナウイルスの関係で伸びました。そのおかげで会社的にはノーダメージだったのです。

今この本を読んでくれている方は、ぜひ周りの人を大切にしてください。それは従業員に限らず家族、友人、同僚など、自分を支えてくれる人のことです。人との出会いは縁であり、その貴重な縁・人とのつながりを持続できるかは自分次第です。出会いに感謝し、また人として尊重することで、きっとあなたにとっての〝大切な財産〟となってくれるはずです。

新しい仕事を始めるときは、私も1か月以上は現場に入ってその分野に携わり、技能や知識を習得するようにしています。なにかあったときに取引先に迷惑をかけてはいけないという理由もありますが、新しいことに挑戦することがとても楽しいからです。世の中には私の知らない分野の仕事がまだまだたくさんあります。機会があれば、どんな仕事でもやってみたいです。

それは、私が仕事をするうえで目標にした、

《5年後の自分の姿が想像できないように生きる》

この考えにつながっていると思います。

今この原稿を書いているときも、5年後、私はどんな仕事をしているのだろうと考えると、とてもワクワクしています。

どんなことで起業しようか、悩んでいる方は是非いろいろなことに挑戦してほしいと思います。どんな職業でもいいのです。「知らない世界だから」とか、「うまくできるか分からないから」とかそのようなことは何も関係ありません。さまざまな経験は必ず自分の糧となります。どうか、挑戦することを諦めないでください。

わたしは小心者の挑戦家！

ここまでお読みいただいた方には、私のことが〝恐れ知らずの挑戦家タイプ〟と見えるかもしれません。しかし、実は小心者なのです。新しいことを始めるときはワクワク以上に「うまくいかなかったらどうしよう」と不安になりますし、実際に仕事で失敗をして大きなトラブルに発展したこともありました。

また、会社が4年目の年は、前述の通り売り上げが急激に伸びた年でもあり、私が離婚してシングルマザーになった年でもありました。シングルマザーになったときに、周囲から心配の声を多くいただきましたし、私も不安がまったくなかったわけではありません。

ただ、そのたびに「なんとかなる」と自分を励ましてきました。この「なんとかなる」という言葉は、ほかの人からするとただの楽観的な言葉に聞こえたり、根拠のない自信と思われたりするかもしれません。

でも、違います。小心者だからこそ、「これもあれも」といろいろなことにどん欲に挑戦してきました。「なんとかなる」と思える材料をひたすら集めてきました。人にもたくさん会い、話し、いろいろな考え方を知りました。今までの経験、学んできたこと、目標に対しての準備、人との関わり、そのすべてが「なんとかなる」に繋がっているのです。
シングルマザーになる不安を払拭できたのも、営業会社に勤めているとき、当時シングルマザーだった同僚の生き生きした姿を間近で見てきたからでした。彼女は自身の両親に頼らず、認可外の保育所に子どもを預け、保育所に預けることのできない日は子どもを職場に連れてきていました。客観的にみると常識はずれな行動なのかもしれませんが、誰一人として嫌がる人間はおらず、それは彼女の仕事ぶりが、それを上回るメリットをもたらしていたからでした。「シングルマザーでも社会に居場所を作れる」ことの証明となった経験の一つです。

もし、この本を読んでくれているあなたが、一歩踏み出したくても勇気が出ないのであれば、自分のこれまでの人生を思い返してみてください。

これまでにがんばったことはありますか？
長く続いた趣味や習い事はありますか？
人よりも学んできたことはありますか？
いろいろな人と出会い、話してみましたか？

今、頭に思い浮かんだことは、あなたを成功に導く自信となります。多ければ多いほど、揺るがないものになっていきます。もし、まだ何も思い浮かばなくても、今から小さい材料を集めていってください。環境をすぐに変えることはできなくても、変える準備をすることはできます。あなたが積み重ねた材料は、やがて強大なものとなり、そのとき必ず大きな一歩を踏み出すことができるはずです。

私は今、次世代を担う人材を育てるための塾に力を入れています。考える力、プレゼン能力、コミュニケーション能力、そして人を大切にすることを子どもの頃から身につけてもらうための塾です。とてもやりがいがあり、私の考え方を子どもたちを通じて継承してもらえることに喜びを感じています。子どもたちの未来を少しでも明るくするために、私ができることを全力で頑張ろうと思っています。

最後になりましたが、今までの経験や人との出会いがなければ、気づきがなければ、この本を執筆することはできませんでした。Rashisa 出版の方をはじめ、私と出会ってくれたすべての方のおかげで、今の私がいます。一人でも欠けていたら、知らないことや気づけないことがあったかもしれません。

改めて人との出会いに、つながりに、これからも感謝をしていきます。

あなたへのメッセージ

挑戦することに
「知らない世界だから」とか、
「うまくできるか分からないから」とか
そのようなことは何も関係ありません。

さまざまな経験は
必ず自分の糧となります。
どうか、挑戦することを
諦めないでください

島崎幸恵さんへの
お問合わせはコチラ

50歳から始めたYouTubeの登録者数が40万人超え！40代からの美容法「美美メソッド®」誕生秘話

株式会社VIRTU 代表取締役
一般社団法人美意識コンシェルジュ協会
代表理事
美容YouTuber＆MAKEUPプロデューサー

SHOKO

1969年生まれ。美容師からヘアメイクアップアーティストに転身し、大手化粧品会社のインストラクターとして美容師向けメイク教育を担当。39歳で個人事務所を立ち上げた矢先に子宮頸ガンが発覚。退院後は健康に興味を持ち、さまざまな資格を取得。50歳から始めたYouTubeは、登録者数40万人を超える。人生を変える美容法「美美メソッド®」を考案し、（一社）美意識コンシェルジュ協会を立ち上げ、自立した女性の育成に尽力するとともに、40代50代専門の集客プロデュースを行っている。

1日のスケジュール

4:30 起床・朝風呂
6:00 オンライン朝活
7:00 朝食と昼食の準備
9:30 トレーニング
11:00 YouTube撮影
12:00 昼食
13:00 撮影・取材・ミーティング・リサーチ
18:00 夕食と作り置き
20:00 オンライン講座
22:00 手帳タイム・翌日の準備
23:00 夫婦タイム
24:00 就寝

夢は見るものではなく叶えるもの

私は幼い頃、外遊びをしただけで熱を出してしまうほどの虚弱体質でした。小学校に上がっても、ちょっとしたことで体調を崩し、そのまま1週間学校をお休みするなんてことは、しょっちゅう……。お休みが続いて、なかなかクラスに馴染めない子どもでした。

それに加え、父が転勤族だったため、学期途中の転校を何度も経験しました。制服も違う、言葉も違う（関西から関東への転勤を繰り返したので）。幼少期にあまり友達と遊べなかったことでコミュニケーション力も低い。しっかりイジメの対象となっていました。

そんななかで私が得た処世術は、「第一印象で好印象を与えること」でした。いかに第一印象で「良い印象」を相手に持ってもらうか。それが楽しく平和に生きていくうえで大切なことだと、子どもながらに気づいたのです。

また、私の母親は「きちんと」を大変気にする人でした。六畳二間風呂無しアパート時代でも、どこかに行くとなれば苦しい家計から服や下着を新調して出向いたものです。私は幼いころから、それを「礼儀」として躾けられましたが、今思えば私の美意識の原点はここにあると思います。「どこにいてもキチンとする」「見た目で人に不快感を与えない」

ことが、「好印象」の前提条件なのです。

そして、その「好印象」に一役買ってくれて、しかも友達づくりのきっかけになってくれたのが、毎朝母が結ってくれた「かわいい髪型」でした。

クラスメイトから、「いいな〜。どうやってやるの?」と言われるたびに、「じゃあ、後ろ向いて。やってあげるね」と、コミュニケーションが生まれ、そこから私の世界がどんどん広がっていきました。

誰かを可愛く、美しくすることで喜んでもらえる。そして、自分の世界もさらに広がる。これがヘアメイクアップアーティストを目指すきっかけとなり、中学を卒業する頃には、明確に「ヘアメイクの仕事をする!」と決めていました。

こう書くと、私の両親はとても私に協力的なように見えますが、実はまったく逆で、心配性の母と昔気質の父は、虚弱体質の私が美容師になることすら許しませんでした。

当時は今とは違って、ヘアメイクの仕事に就きたければ、まず美容学校に行き美容師になることを勧められました。しかし、両親そろって美容学校への進学は大反対。だからと言って、私も夢を諦めたくない。なので、私は両親を説得することにしました。

両親の懸念点は私の虚弱体質と金銭面。虚弱体質については、ある程度体も成長し、部活動で筋力と体力を養いました。インスタント食品やおやつを我慢することで、体調面でも自己管理できることを証明し、そのうえで、お年玉やアルバイトなどでお金を貯めて入学金を自分で工面し、両親の説得に挑みました。

なぜヘアメイクアップアーティストになりたいのか。

ヘアメイクアップアーティストになるためにはどうすればいいのか。

美容学校を出て3年で一人前の美容師になり、5年目にヘアメイクの仕事で自立すると決めて、その内容を画用紙に描いてプレゼンしました。


夢は見るのではなく、叶えるもの。


夢は描ければ叶います。

夢を描き、必要なステップを調べて、計画を立てて、行動する。

夢を叶えるために、とにかく行動したからこそ、今、夢が叶っているのだと思います。

キレイの概念が変わった出来事

美容学校を卒業し、美容師になって1年目で人間関係に悩み、胃潰瘍で入院。さらに腱鞘炎でハサミが持てないなど、順調とはいえない下積みを経験しながらも、大手化粧品会社のインストラクターの資格を取得し、美容師にヘアメイクを教える仕事もしていました。

しかし、26歳の時に大きな転機を迎えます。阪神・淡路大震災で被災したのです。家は半壊、私も家具の下敷きになり、肋骨を骨折しました。それでも、少しでも地域の助けになれば……と、まだ水も止まっている状態の中で美容院を開け、給水所から手で水を運び、限られた水量でしたが洗髪やカットを再開しました。

多くの犠牲者を出し、それでも徐々に復興するなかで思ったのが、

「人はいつ死ぬか分からない。だからこそ夢を諦めてはいけない」

私は上京する決心をしました。

29歳で上京し、ヘアメイク事務所に入ってがむしゃらに仕事をしました。実は、ヘアメイク事務所の面接で「年齢的に遅い」と言われてしまいました。だからこそ「3年で独立する」と決めて、必死で仕事をしました。事務所に入ったからと言って、仕事が湧いて出

るわけではありません。ブックと呼ばれる自分の作品集を持って、毎日何十社も回りました。努力の甲斐もあり、徐々に大きな仕事に携わるようになっていきました。

そして、34歳で独立し、念願の自分のヘアメイク事務所を構えました。独立当初はアシスタントを4人抱え、毎日忙しくも充実した日々を送っていましたが、またもやピンチに見舞われます。40歳の時に子宮頸ガンが見つかったのです。

初期の発見だったこともあり、手術とホルモン治療で治癒しましたが、入院した時は、日毎に老けてシワシワになっていく自分を見て、「もう美容の現場には戻れない……」とものすごく落ち込みました。

そこに、当時担当していた大女優さんが、大きなダンボールいっぱいにシートマスクを持ってお見舞いに来てくれました。

「ショーコちゃん！　どうせ暇なんだから、これでも貼ってキレイになって帰ってきなさいね！　汚くなっていたら許さないから！」

この大女優さんは、ご本人も何度もガンの手術を経験し、その度に復帰してきた不死鳥のような方なのです。私は、言われた通りに、そして存分にシートマスクを使いました（笑）。

すると……、入院して大したお手入れもせず、シワシワになっていたお肌が、心持ちプりっとしてきたではありませんか！

そうなると不思議なもので、「もしかしたら復活できるかも?!」と思えるようになったのです。実際はお肌がちょっとだけ潤っただけかもしれませんが、気持ちがどんどん前向きになり、免疫力もどんどん上がっていきました。免疫力が上がり体調が良くなると、お肌も外見も、さらにキレイになっていく。そうして、私は無事に現場復帰を果たしたのです。

ガンになったことで、私の中で「キレイ」の考え方が大きく変わりました。

今までは、「外見さえキレイであれば、すべてOK！」くらいに考えていましたが、そもそも健康でなければキレイになれない。そして、年齢を重ねるごとに生き方や内面が顔に出るということ。私はガンをきっかけに「40歳からの本当のキレイとは」を真剣に考えるようになりました。


40歳はいろんな意味で私の転機となりました。がんを克服したと思ったら、次は「世代交代」の波に揉まれました。美容業界も「若さ」が持て囃されます。それに40歳を過ぎると体力の衰えも感じ、12キロの道具を持って毎日現場を行き来することは、体力的にもキツくなりました。

漠然と将来の働き方に不安を抱いた頃、父が亡くなり、母の心も病んでいきました。

50歳からの挑戦

専業主婦だった母にとって、父がすべてでした。その父が亡くなると、まるで自分を失ったかのように、母の心は壊れてしまいました。うつ病と診断され、起き上がることもままならない日々。

この頃、一番辛かったのが、「殺してくれ」と母に言われたことです。

一人で暮らせなくなった母の面倒を見るために、富山から東京に呼び寄せ同居しました。母が心配で、長時間家を空ける仕事や、海外の仕事を断っていましたが、それを知った母はさらに不安定になり、「子どものお荷物になるくらいなら死にたい」と口にするようになりました。そして、1か月後には「殺してくれ」と訴えるように……。

病がそう言わせているとはいえ、母の口からその言葉を聞くのは本当に辛かったです。

でも、一方でこう思いました。

「お荷物になっていないことを証明できればいいのでは？」

だからこそ、私はしっかり仕事をして稼ぐことに決めました。

しっかり稼いで、そのお金で母の生活にプロを投入すればいい。でもどうやって？

思うように現場に出られない状態で、ヘアメイクの仕事を続けるにはどうしたらいい？

そこで思いついたのが、YouTubeでの美容情報の発信だったのです。

私がYouTubeをはじめたのは50歳になってからでした。当時YouTubeは「若者がやるもの、見るもの」の認識が強く、特に美容系のチャンネルは若い人ばかり。50歳を過ぎて美容チャンネルを始める人はいなかったこともあり、「うまくいかないよ」「そんなことより、他にやることあるんじゃないの？」と、周りから大反対に遭いました。

それでも、「現状を打開するには、今やるしかない！」そう考え、新たな夢を描きました。

「50代美容YouTuberで一番になる！」

YouTubeを大きくしたければ、毎日配信が基本です。

「少なくとも4か月間は毎日配信しよう！」と決めてチャンネルを開設しました。幸い、動画の編集はカメラマンでもある夫が担当してくれましたが、責任を持って「仕事」をしてもらうために、最初から編集費を支払っていました。台本、喋り、編集、すべてが独学で試行錯誤の連続。

当初は毎日配信していても、まったく反応がなく、せっかく入ったコメントも、手厳しい感想だったり……。それでもめげずに配信を続けていると、少しずつ登録者が増え、応援してくれるコメントや、感謝のコメントが入るようになり、それを読むことで自分が救われていることに気がつきました。

私は今まで、ヘアメイクアップアーティストとして、事務所の社長として、自分の腕一本で仕事をしてきたこともあり、「仕事は一人でするもの」と思っていました。YouTubeも、最初は自分一人で頑張っていたつもりでしたが、夫に助けられ、ファンの方々に助けられることで、初めて「自分一人でがんばらなくても良い」と思えるようになったのです。

そして、開設4か月で登録者数千人を達成。翌月には1万人、1年で6万人、1年半で15万人と徐々に増やしていき、開設から4年半となる2024年1月には、40万人の方に応援いただけるまでになりました。

現在、寄せられるコメントの多くが「同世代のSHOKOさんがどんどんキレイになっていく姿に勇気づけられます!」というものです。私は動画の中でスッピンを晒し、地顔のビフォー&アフターを見せています。

ヘアメイクだけを仕事にしている時は、女優さんやモデルさんをキレイにする腕があればよかったわけですから、自分のことはおざなりにしてきました。ところが、YouTubeでは自分の顔を使っていきます。50歳を過ぎた顔です。最初は「私の顔を見ても楽しくないかも……」と思っていましたが、逆に私自身がどう変わったかを見せていくことで、多くの女性が自分の可能性に気づき、チャンネルの信用が上がっていったと思います。

40歳からの新しい自立のすすめ

YouTubeを始めた翌年、新型コロナウイルスの蔓延で世の中が激変しました。

不用意に家から出られなくなり、仕事もテレワークで家に引き篭もる人が増えました。マスクなしでは外出もできず、未知のウイルスに怯える日々。社会全体が不穏な雰囲気に包まれている中で、美容の配信を続けることに迷いました。

しかし、不安だからこそ多くの方にキレイになって自信を取り戻して欲しい！　キレイでいることを諦めないで欲しい！　そんな想いから、配信を続けることにしました。

内容も、それまではデパートで買える化粧品を紹介することが多かったのですが、デパートが閉店しているため化粧品が買えない。だったらコンビニやドラックストアで手軽に買えるもの、雑誌の付録で手に入るものを中心に紹介したり、おウチで手軽にできる美容法を紹介したりと、少しでも見てくださる方のお役に立つ情報の配信に努めました。

そうすると「メイクや美容法をもっと詳しく教えてください」「スクールはやっていないのですか？」という問い合わせが、ものすごく増えたのです。

私のメイクや美容法で、もっと多くの方を元気にしたい！

そう思うようになり、美容講座を開講することにしました。

実は、以前から不定期で少人数制の美容講座は開講していました。しかし、主にメイク法の指導だったので、事務所に生徒さんを呼んで行っていました。それがコロナ禍では難しい。それにYouTubeを見てくださっている方は全国、いえ世界中に広がっていて、しかもお肌の曲がり角をとっくに曲がり切ってしまった40代~50代が8割を占めています。

だからこそ、どんな人でも、いくつからでも「オンラインで」学ぶことができる美容法、美容講座を作る必要がありました。

そのためには、まず「美容は相手のお顔に触れるもの」という業界の常識を、私自身が打ち破る必要がありました。直接お肌をさわることができなくても、受講生が確実にキレイになれる方法とは何か。私の美容業界30年のキャリアの集大成として作り上げたのが、オンラインで学べる本質的な美容法「美美メソッド®」です。

美美メソッド®は、「40代からの美容法」として開発しました。

40代~50代は生活環境やホルモンバランスが大きく変化する年代です。多くの女性が、仕事や子育て、介護で忙しい日々を送っているなかで、ふと「この先どうなるの？ このままでいいの？」という不安に襲われるそうです。

歳を取り、どんどん老け込んでいく不安。

健康面や金銭面の不安。

社会から取り残される不安。

自分を取り巻く変化についていけず「私なんてどうせ、何をやってもダメ……」と、どんどんネガティブ思考に陥ります。それに比例するかのように、お顔もシワやたるみが増えて、一気に老け込んで見えるようになります。お顔が老けるとさらにネガティブ思考になるという悪循環。だからこそ、自信がない人、不安な人はキレイになるべきなのです。

そして、キレイになって「自立」すべきです。

私の考える「自立」とは、「一人で生きていけること」とはちょっと違います。

女性特有の不安や不満、自信のなさは、何事も一人で抱え込んでしまったり、逆におんぶに抱っこの依存からきます。ですから、私の考える「40歳からの自立」とは、「上手に世の中と関わって、協力しあう体制をとる」ことです。

人は歳を取ると尚更、一人では何もできなくなります。その時、誰かに助けてもらったり、逆に誰かの助けになれることが自立につながると思っています。大切なのは一人の自立ではなく、社会全体の自立。そのためには、まずはキレイになって女性一人ひとりが自立する力を持って欲しいと思い、一般社団法人美意識コンシェルジュ協会を立ち上げました。

この協会は、多くの女性に美美メソッド®を教え、伝えてくれる美意識コンシェルジュの育成と、80歳になっても自立して活躍する女性を増やすために設立しました。

もともと私は「美容もビジネスも一人でやるものではない」と考えています。

例えば、世界中に自分一人だったら、誰も美容なんて気にしません。誰かと関わっていくからこそ、美容や身だしなみに気を使います。そして、一人でやるものではないからこそ、「環境」が大事なのです。特に40歳以降、キレイになるためには、「キレイになれる環境」、自立したいなら「自立できる環境」が必要です。


私の目標は「自立型シェアオフィス老人ホーム」を作ること。80歳になっても、好きな仕事を、好きな時に、好きなだけして、自立する。キレイで健康で、経済的にもマインド的にも自立した女性が増えると、税金問題や医療費問題、孤独死の不安などが解消し、明るい高齢化社会が実現すると思いませんか?

私の描く次の夢は、80歳になっても現役美容家として仕事をし続けることです。

そして、私の活動が水面に広がる波紋のように広がり、多くの女性の自立を支える一助になれば幸せです。

あなたへのメッセージ

夢は描ければ叶います。

夢を描き、必要なステップを調べて、
計画を立てて、行動する。
夢を叶えるために、
とにかく行動したからこそ、
今、夢が叶っているのだと思います。

SHOKOさんへの
お問合わせはコチラ

自分次第で
可能性は無限大！
得意なところは
得意な人にまかせる
「コミュニティー
クリエイター」
という働き方

まめなり企画 代表
コミュニティークリエイター

鈴木雅美

1976年、静岡県浜松市出身。看護学校卒業後、総合病院に看護師として10年勤務。好きだった物づくりを続け、洋服やバッグを製作。結婚・出産を機に転職してケアマネージャーへ。その後、母の営む飲食業で管理職として勤務しながら子育てに専念。40歳という年齢を機に、やってみたかったアパレル、雑貨の世界へとびこむ。看護師のパートや飲食業のアルバイトをして生計をたて、自身も洋服作家として活動後、現在は販売・プロデュースの道へ進む。

1日のスケジュール

4:40 起床・朝食
5:50 出発
6:30 息子を起こす・学校へ送り出す
8:00 家事・メール返信
10:00 店舗へむかう
18:00 帰宅し夕食
19:30 塾の送り
22:00 帰宅・家事
23:00 事務作業・メール返信
0:00 就寝

コミュニティークリエイターという肩書き

地元浜松の高校、そして看護学校を卒業した私は、卒業を控えた最終学年のある日、交通事故をきっかけにある病気がみつかりました。命に別状のある病気ではありませんでしたが、そのまま仲間たちと同様に就職するか、手術をするかの選択を迫られました。

就職を選択しても、その先で手術という選択肢を選ぶことが分かっていたので、卒業と国家資格合格後に手術をする決断をしました。手術、リハビリを経て退院後、半年間を松葉杖で過ごすことに。仲間より1年遅れた就職活動が、松葉杖だったことは忘れません。

手術をすると決めた日から松葉杖がとれる日までの1年半は、その先の自分を見つめなおすターニングポイントになりました。子どもの頃から物づくりが好きだった私は、看護師になるか、アパレルの道に進むか迷っていました。しかし、迷っていることを誰にも相談できずにいました。仲間が就職活動するなか、将来の選択にもやもやしている最中に病気がみつかったことで、自分のやりたいことを見つめなおす時間ができたのです。

ではなぜ看護師を選択したのか。それは、産科病棟での実習で、産まれるという生の始まりを目の当たりにした感動があったからです。看護師を一度やってみようと決意し、生と死に関わる看護師という仕事をその時は選択しました。それから結婚、出産を機に子どもも優先の生活に変化していき、夜勤のないケアマネージャーへ転職。そこから母が営む飲食業の管理職へと私の生活は変化していきました。

40歳を迎える頃、「私は何がしたかったんだっけ」と考えるようになりました。子育ての時間を大切にしていた私にとって、なんだかこのもやもやは罪悪感でさえありました。なぜ将来を見つめなおす気持ちに罪悪感を抱くのか。きっとそれまでの私は、誰かの期待に応えることでしか自分の価値を見いだせなかったからです。誰かの期待に応えるよう努力していればきっと報われる、いつかいい事があると信じていました。それを自分に言い聞かせて過ごしていたら、いつの間にか心が壊れてしまいました。飲食業の管理職も手に付かず、今思えば、大切にしていた子育てもままならなくなり、毎日泣いて過ごし、明日が来ないようにと願っていました。そんな状態が数年間続いたのです。

ところが、ある友達たちとの出会いで、毎日泣いていた私の生活は変化していきました。自分がいたコミュニティーの小ささを知ったのです。思うようにいかない日々をなんとか自分で打破しようとしていた毎日。でも、それぞれ得意と不得意があって、それまでより大きなコミュニティーの中に身を置いたことで、誰かの手を借りられることを知りました。

女性は、結婚したり子供ができたりすると、自分自身が楽しむことは二の次といった考え方があるように思います。誰かの犠牲になっていることを美徳とするような。でも、女性や母が楽しむことを悪としない、お互いをリスペクトし合う、相手を受け入れる。それを自然にやっている人たちに出会ったのです。男女の比なく、お互いの能力をリスペクトする。私には衝撃で、居心地のいい場所をみつけました。

コミュニティーとコミュニティーが重なればなおのこと、問題解決や新しいことができるのです。私には新鮮で楽しいことばかりでした。

今、私の肩書きは「コミュニティークリエイター」です。私はそれまで自分が知りえなかったコミュニティーに身をおくことで人生が一変しました。楽しんでいいのだと背中を押してもらえたおかげで、私のスケジュール帳は今、予定がいっぱいです。

明日がこないようにと願っていた自分も受け入れているつもりです。コミュニティーの素晴らしさを知っている私だからこそできるコミュニティーづくりをするべく、私は今もコミュニティーに助けられながらも、コミュニティーをクリエイトすることをベースに仕事をしています。

優先順位と選択

アパレルと看護師の選択で、看護師として働いた12年は私にとって学びの連続で今でも素晴らしい仕事だと思っています。そして好きな仕事です。でも、ずっとやってみたかったこと、やれないと思って自分で諦めたことに挑戦することは悪いことではないと思うようになった私は、洋服を作る作家として活動し始めました。

それまでやっていた管理職を辞めて、洋服作家としてスタートしたわけですが、それまでの管理職のつてなどは使えず、周囲に知り合いを作ることから始めるというマイナスからのスタートでした。洋服作家として生計を立てられるはずはなく、日中は看護師のパートタイマー、夜は飲食業のアルバイトをして、空いた時間で洋服を製作する日々。

しかし、自分で決めた選択でしたから、とにかくやってみようという思いが強く、生活は苦しくはありましたが不満はありませんでした。払えるお金がなく、電気が止まったことは今では笑い話です。そんな生活が数年続き、周囲の支えもあり、ようやく洋服作家として顧客や出店で収入が入ってくるようになった頃、このまま洋服作家としてやっていくのか、息子たちの将来を考えて収入を優先させるのか、次の展開を考えました。

その頃、あるところから店舗を持たないかというお話しを頂きました。そして、カフェと併設された施設の中に、小さな店舗を持つことになったのです。自身の作った洋服だけでは店舗が埋まらないため、仕入れた雑貨と、展示会で1着ずつ仕入れた洋服やバッグ、委託の作家さんの商品を一緒に販売することにしました。

併設されたカフェの管理も任されていたので、自分の店舗はいつも無人の状態でしたが、販売するものを厳選し、ディスプレイやSNSでの宣伝のおかげもあってか、8畳ほどの店舗の1か月の売上は毎月100万円程となりました。

しかし、製作・販売・営業をすべて思うようにこなすのは困難だということに気づいたのです。そこでまた選択の時がきました。自分が選んで販売したものが売れている現状、やりたかったアパレル、雑貨の仕事、継続してやっていける道を選択する方法はないか。

考えた結果、私は製作することよりも、今まで培ってきた感覚で自分がいいと思ったものを販売することのほうが得意だと実感し、販売・営業する側へ転向することにしました。得意なところを得意な人にまかす決断をしたのです。

販売・営業にシフトしてからは、利益を上げるために何をすればいいのかを優先していきました。浜松はホンダ、ヤマハ、スズキといった世界的にも有名な大企業があるように、物づくりが盛んで、ハンドメイドも盛んな地域です。出店したい、委託販売をしたいという作り手があふれています。そんな作り手、作家さんたちに製作をまかせて、私は販売・営業に力をいれていくようになりました。しかし、ハンドメイド人口は多くても、一流の作り手に比べると、なかなか背景のストーリーまで興味をもってもらえていないのが現状です。目的がみえてからは挑戦の連続でした。

得意分野をみつけたことで、常に新しいことに取り組みたい、挑戦してみたい、やってみたいを実現したい、と前向きに考えるようになっていた私は、百貨店でハンドメイド商品を販売してみたいと思い始めました。マルシェでは人気の作家さんであっても、主婦層がメインで、単価も百貨店で売られているような高級な値段ではありません。でも、ウイークポイントだと思ったところにストーリーをもたせることを強みにして百貨店に営業したのです。家計、お財布を握っているのは女性が多い、子育て世代を味方につけることで世論を味方につける戦略づくりを売りこんだのです。

やってみたいと思ったことがあったら、実現できる方法を探してみましょう。ネットや書籍で探すのはもちろんですが、重要なのはコミュニティーです。豊かなコミュニティーの中にいれば、実現する方法を知っている誰かに短時間で出会うことができます。

そしてそのノウハウを学び、実現する方向へ進むことができます。常に、どうしたらうまくやれるか、実現できるかを考えることが大切です。

コミュニティークリエイターとしての活動

起業してから2年は、とにかく知名度をあげることと、実績になる仕事をすることを念頭において仕事をしました。多業種と交流の場にも積極的に参加し、知り合いのお店などの挨拶まわりも積極的にしました。中でも、マルシェや百貨店の催事には特に力を注ぎ、マルシェにおいては多い時は月に2〜3回のペースで開催しました。マルシェの開催や百貨店での催事は、たくさんの方とつながることができます。作家さんが別の作家さんを連れてきて、コミュニティーはみるみるうちに大きくなっていきました。

そして、マルシェには欠かせない飲食業の出店を加えたことで、作家と飲食業のそれぞれのコミュニティーが交錯して、新たなコミュニティーがうまれました。それだけではありません。人を呼ぶマルシェや催事は、企業にとっても魅力的なものです。企業にマルシェ開催の営業に行ったり、オファーをいただいたり、催事をするためにデザイナーをいれてロゴをつくったり、印刷する会社をいれたりとコミュニティーは自分次第で無限に広がっていくものだと思いました。

原則は、得意なところは得意な人にまかす。私は新たにできるコミュニティー、大きくなっていくコミュニティー、交錯するコミュニティーを常に意識しています。どのコミュニティーが交錯すれば新しいコミュニティーがうまれるか、利益になるコミュニティーをクリエイトできるよう心掛けています。

起業3年目をむかえ、ずっとやりたかった新しい取り組みに挑戦しました。コミュニティーを作ったらやろうと思っていたことが実現したのです。それは、地域活性化に貢献したいという想いから、地元に特化した新商品を自社ブランドとして発売することです。しかし、1から商品を作るには莫大な時間がかかります。時間がかかるということは、手間がかかるということですから、私にとっては莫大な金額がかかります。そこで、お茶の栽培・加工まで行えるお茶農家さんの商品を自社商品として販売することにしました。

これまでの茶葉の販売を覆すべく、ジャケット買いしてしまうお茶を作ろうとパッケージをデザインしてくれる地元デザイナーを選び、参加してもらいました。パッケージの印刷は、地元の紙の商社さんにお願いしました。得意なところをそれぞれ組み合わせるという、コミュニティーのコラボマネジメントをしたのです。

商品化したら、私が販路を拡大するべく営業にまわります。この商品開発の一連の流れのなかで、新たなコミュニティーがいくつかうまれています。新たな出会いとアイデアがうまれ、利益がうまれます。独自だけで続けていては、できなかったことだと思います。

お茶の販売を第一弾に、地元の遠州綿紬とのコラボで、ハンカチを自社の新商品として発売開始。今後もあらたな取り組みをしていきます。


コミュニティークリエイターとして今後どうしていきたいのか。得意なところは得意な人にまかすという考えのもと、それぞれに利益とメリットをもたらしたと実感できるコミュニティーをクリエイトしていきたいです。今回のお茶の新商品開発でいえば、お茶が売れたらこのコミュニティーに関わった人、その家族がうるおいます。お茶のよさを地元の方に再認識してもらえれば、地元愛が高まり、そこにまたメリットがうまれます。

常にマネジメントを忘れず、うまれるコミュニティーを深掘りしていくことで、関わった人みんなを底上げできるコミュニティーをつくることが目標です。

この先は、自分次第

起業する数年前、毎日泣いて過ごしていた日々を毎日のように思い出します。

あの頃は、とにかく目の前にあることを一生懸命がんばっていれば、きっといつか報われる、幸せになれる日がくると自分に言い聞かせて、自分以外の誰かの期待に応えようと必死でした。今思えば、自分が何をしたいのか、自分と向き合う方法を知らなかったのです。自分の存在価値や生きる意味を見出したくて、誰かの期待に応えることで自分の存在を認めてもらおうとしていました。しかし、それを続けていたら心が壊れました。

心が壊れたことを自分でも自覚していましたが、それでも誰かの期待に応えようとがんばっていれば報われると思い続けていたのです。誰かに認めてもらう、理解してもらおうとしていたのです。自分の心は無視して、死んだように生きようと思っていました。周りが幸せになれるのだったらそれでいいと。

でも、ある友達との出会いがきっかけとなり、私の心は息を吹き返すことになったのです。友達とその周りの人たちが楽しむ姿を目の当たりにして、もう死んだように生きるのはいやだと思ったのです。自分の意思で踏み出した一歩でした。

人生の転機ともいえる離婚、転職を経て、それまでの近しい人たちには一歩踏み出す選択を認めてもらえず、近しい人たちから遠ざかることになりました。

孤独で、昼夜問わずパートやアルバイトで生計を立てている頃は、まるで廃人のような状況でした。孤独におしつぶされそうになり、また元の状況に引き戻されそうにもなりました。誰かの期待に応えようと必死で苦しかったのに、今思えば楽な道を選択しようとしていたのです。理解してもらいたいと、自分以外の誰かを主体に考え過ごしていたのです。あの状況があったから今がんばれています。

今の私は、全国から自分がいいと思った作家さんのアイテムを厳選して販売しています。店舗を持つようになり、百貨店や大型の商業施設でのお仕事も企画しています。

私を取り巻く環境は数年前に比べると大きく変わりました。別世界といっても過言ではありません。毎日泣いていたあの頃と同じ私ですが、考え方が変わったのです。私は基本的に一人仕事ですから、何役もこなします。うまく事が運ぶように、いつも心がけていることがあります。

・やってみたいと思うことを自分で決める

・誰かのせいにしてあきらめない

・達成するにはどうしたらいいのか、できない理由ではなくできる方法をさがす
・味方は多ければ多い方がいい
・優先順位を決めておけば、選択をせまられても迷わない

・仕事上では主導権を自分に置くこと。どうして理解してもらえないのかな、と思った時点で、主導権を相手に渡す

考え方で自分のその先は変えられます。よく「いつかまめなりさんみたいになりたいです。お店を出せたらいいなと思います」とメッセージをいただきます。とてもうれしく、ありがたいメッセージです。でも、お店を出すことを夢みて、目の前のことをこなしていても夢の実現は遠いです。時間は有限です。いつかではなく、本当にやりたいと思っているのなら、実現するにはどうしたらいいのか、具体的な方法を探す意識を常に持ってください。私の経験では実現する方法を知っている人に出会うのが最短です。すでに成功例を持っている、実現できる人を知っている人などです。

そのためには多種多様なコミュニティーを意識することです。出会えたら、教えてもらいたいこと、知りたいことを素直に聞けるようにします。夢の実現の手段ですので、プライドはそっちのけで素直に聞くことです。

すべては自分次第です。子育てもあるし、周りの人のことを考えると、できないという意見は多いと思います。実際、私の優先順位は息子と仕事です。でもできない方法を探すのではなく、実現できる方法を探してください。こうするべきと決めつけているのは自分です。できない、やらない理由を誰かのせいにしているのは自分です。

それぞれのストーリーがあっていいのです。一歩踏みだした先に自分らしさがみつかります。憧れが現実になります。

私たちをとりまく日々は仕事や地域、母業、介護、妻業、父業といろいろな環境と交錯しています。フェアじゃないと思うこともたくさんあるけど、時間だけは平等です。

私たちが楽しんでいる証しをつくることが、堂々と生きる後押しになる。楽しんでいる姿をみせることが、新たにＨａｐｐｙの環をつくり、家庭に、地域に派生していく。

そして、自分発信でＨａｐｐｙが連鎖していくのです。

あなたへのメッセージ

できない、やらない理由を
誰かのせいにしているのは自分です。
できない方法を探すのではなく、
実現できる方法を探しましょう！

鈴木雅美さんへの
お問合わせはコチラ

俳優業から教育事業へ転身！全国各地から通う子ども向けの「トリッピー表現力教室」誕生ストーリー

株式会社trippi 代表取締役
大門式表現力アカデミー／トリッピー表現力教室

大門まき

1980年、広島県生まれ。高校卒業後、演劇の専門学校に入学。その後、演劇集団円演劇研究所に入所。厳しい試験を潜り抜け、200名中4名の劇団員に昇格。1年目から主役に抜擢され、数多くの舞台作品に出演する。多数の映像作品に出演する傍ら、歌や話し方、バレエのスキルを磨く。27歳で俳優以外の道を模索し始め、トリッピー表現力教室を開校。現在は巫女としても活動しており、活動範囲は多岐に渡る。

1日のスケジュール

7:00 起床
8:00 移動
8:45 トリッピー表現力教室に到着
朝の掃除・自分の時間・自主練など
10:00 教室レッスン開始
お昼
12:00 レッスンの準備、
またはプログラムや創作活動
13:00 教室レッスン
片付け
18:00 翌日の準備。創作活動や
私が考えるべきことを考える。
事務作業など
21:30 晩御飯・お風呂
22:00 ストレッチ・個別のやり取り。
23:30 就寝

手放して気づいた、本当にやりたかったこと

私は、高校生の時まで広島県庄原市という山陰地方に住んでいました。まさかそんな自分が俳優の夢を叶え、自分の特性と演劇経験を活かした〝トリッピー表現力教室〟を東京都渋谷区で開校しているとは、この時は思いもしませんでした。

ここまでの道のりは、人に言えないような恥ずかしい経験も多いですし、HSP気質だからこその苦労もありました。特に20〜30代半ばまでは苦難の連続でした。だからこそ、人とは違う経験が得られ、人の心の痛みが想像できるようになったのだと思います。自分の気持ちの言語化や感情のコントロールが行えるようになりました。

私の対人関係の修行は、19歳、東京時代から始まります。そもそも、なぜ上京したのかというと、俳優になりたかったからです。幼少期から「やりたい」と思ったことは、即行動するタイプでしたし、両親も応援をしてくれたので、田舎でもレッスンができ、俳優に関係のありそうな声楽を習い始めました。

やると決めたら目標に向かってまっしぐら。大学受験は即座にやめて、お芝居の専門学校へと進路を変更しました。

専門学校での学びもあって、卒業後は今も所属をしている劇団兼芸能事務所の演劇集団円の研究所に入所しました。研究所に入るにも試験があり、私の時は200名が受験して46名合格。そこから1年ごとに査定試験があり、2年目の卒業時には私を含めた4名が劇団員として昇格しました。演劇集団円の演劇研究所はとても厳しく、この時に「いつ死んでもいいと思ってやる」「このメンバーでこの時間を過ごすことはもう二度とない」という私の核になることを学びました。

劇団に入ってからの10年、俳優としての仕事は、舞台にドラマに声優の仕事にと数多くの仕事をさせていただき、本当にありがたい期間だったと思います。

また、自分でも繋がりを持って、音楽の仕事で歌や作詞の仕事もさせていただけるようになりました。自分のやれることに対して「できます」と伝え、自分のことを分かってもらうために資料を作成したり、いつ来るかわからないチャンスのために日々努力をしていくことで、大事なチャンスを逃さないのではないかと思っています。そうすることで自分に対して自信が持てますし、相手にも「仕事を任せてみよう」と思わせることができると思います。

当時から、お金になるかならないかは置いておいて、まずは「やりたいです」と伝え、経験を得られるようにしていました。お仕事を任せてもらえたら、あとは最大限の努力、そして結果を出すことで信頼してもらう。それが次の仕事に繋がります。

特に芸能の世界では、自分からアプローチをしていかないと、普通に演技ができるだけではダメだと思います。それを顕著に感じた出来事があったので、私は俳優で生活をしていくことは難しいと悟りました。次の一歩を決めた大事な出来事です。

それは、ある有名監督の映画の仕事の時のこと。私は録音ブースにいました。ナレーションの収録は私のみでしたので、監督以外に俳優は誰も来ていないだろうと思っていたのですが、実際に行ってみると、監督の横に若手男性俳優さんがべったりくっついて、録音時以外はずっと監督に自分の演劇論や映画論などを熱く語っていたのです。

ああやって延々と語りかけられるのは、並大抵の根性と覚悟ではないと思います。「絶対に売れたい」「絶対に次の仕事にも呼ばれたい」そういう想いを感じ取ることができます。その姿を見た時に「ああ、私にはここまでの覚悟はない」と思いました。自分も同じことができますか？　という問いには、私は「ＮＯ」を出しました。

そこから自分の人生について、さらに考えるようになりました。当時の私は、結婚という選択も、俳優を細々と続けてアルバイトをするという選択もありませんでした。「じゃあ、せっかく人生を過ごしていくならば、自分の好きなことをして生きていきたい」と考えたのです。就職する選択肢もまったく頭に浮かびませんでした。そうなると、自分で何かをして生きていくしかない。この時、仲間を誘って自分で仕事を始めることを決意しました。

アルバイトと個人事業という形で資金を150万円貯め、起業するまでには2年かかりました。今は教育事業を主軸に表現力教室を展開しておりますが、当初はデザインの仕事をしていました。私のコミュニケーション能力の高さを活かし営業として外に出て、デザインの仕事を頂戴し、デザインは仲間に依頼するというものでした。

ただ、デザインの仕事は自分が心の底から「やりたい」と思ったものではないので、徐々につまらなく感じてきました。「これは私の本来やりたいことだっけ?」と自問自答するようになり、起業することやお金を稼ぐことが目的になってしまって、本来のやりたいことではないということに気がつき、「そうだ!私は子どもに関わることがやりたいんだった!」と思い出すことができました。

そう気づくとすぐに動き出す私は、声優の仕事で繋がりのあった漫画家さんに依頼をし、弊社のオリジナルキャラクター〝恐竜宇宙人グラブくん〟を生み出していただきました。それから音楽の仕事でご一緒させていただいていた音楽家さんにオリジナルソングをお願いし、脚本は自分で書き、オリジナルの子ども向けの歌と語りのショーを創作しました。自分一人で声を変え、5役くらいを演じ分け、パペットを使い、子どもたちを巻き込んで参加させる楽しいショーです。

親と子どもは鏡

　このパペットを用いたショーを百貨店様にて開催させていただいていた際に、またもや人生を変える出来事がありました。それは、グラブくんのパペットを持っておもちゃ売り場を歩いていた時、たいていの子はグラブ君が「こんにちは」と言うと、にこっと笑って「こんにちは」と返してくれます。そういう親御さんの表情はにこにこされています。

　ですが、とある小2くらいの女の子に同じように挨拶をすると「フン！」と顔を斜めに背けました。その子の横を見ると、まったく同じ角度で「フン！」と顔を背けているお母様がいらっしゃいました。親子が完全そっくりそのまま同じだったのです！　この時に、親子はここまで似るのか！と愕然としました。ノンバーバルコミュニケーションである〝雰囲気〟と、見た目からの影響を受ける〝顔の角度〟が似るってすごいなと。顔のパーツや言葉ではなく、ノンバーバルな部分が似るのです。子どもは親の何気ない仕草や言葉、態度、行動を無意識に習得しているのだなと感じました。10年以上、自分の教室で1600人以上の親子の皆様を見させていただいて、これはものすごく感じていることです。

　よく親御さんから「素直な子に育ってほしい」「優しい子に育ってほしい」と聞くこと

がありますが、親御さんの日々の考え方や接し方、行動が大きく影響すると考えています。子どもの心を健やかに育てるには、まずは親御さんだと思います。そんな出来事があり、私は親子のことに興味を持ち始めました。

また、これまでの芸能の仕事の経験で、挨拶一つでそのあとの関係や印象が良くなることを身を持って知っていますので、当たり前に挨拶をする子が増えてほしいと思いました。そういった理由から、教室を開校することを決めました。

トリッピー表現力教室は、最初は渋谷区東にありました。というのも「良いことに使うなら安くていいよ」とビルオーナー様からおっしゃっていただいたのです。一生懸命に行っていると、見ている方がいらっしゃるのです。自分を信じて進むことは、人生を自分で創っていくうえでものすごく大きなパワーだと思います。

渋谷区東で教室を開始した当初は、ほとんどが0歳〜2歳の赤ちゃん世代の子&ママさんのクラスで、レッスン内容はリトミックや運動や英語といったものでした。この世代のママさんたちと触れ合うことも初めてでしたので、ベビーカーに抱っこ紐、荷物の多さに突然のギャン泣き。しかもママじゃないと泣きやまないことも多々！　赤ちゃんは天使ですが、ママさんのやることはてんこ盛り！　ママさんたちには尊敬しかありません。

そんなママさんの一人が私に「こんな状態なので、温かいお茶一杯さえ飲めないのよね」

とおっしゃいました。私はこの言葉に衝撃を受けました。それであれば、私が子どもと遊んでいる間に温かいお茶を飲んでいただきたいと思い、レッスンの後にティータイムを設けるようにしました。ママさんたちも社会と繋がりたいし、大人と喋りたいんだということを教えていただきました。そこで、ママさん一人の子育てはしんどいですし、一人で悩まないでほしい。相談される人に私はなりたいと思いました。

ですが、赤ちゃん世代を対象にした教室は地域にたくさんの競合があり、それこそ価格競争になります。最終的にはこの世代のクラスは5年程度で終了となりました。

しかしその一方、私の演劇クラスを増やしていきました。演劇クラスを継続していくと、小学校受験を控えた子たちがやってくるようになりました。小学校受験では自己表現の必要な場面があり、面接や行動観察などで自分のことを相手に伝えなくてはなりません。そういう部分は俳優のオーディションと似ているところがあります。そんな時にタイミングよく、文部科学省の学習指導要領の中にも「表現力」という言葉が記載され、私のもとには〝表現力を身につけさせたい〟という親御さんが、内向的なお子さんを連れてやってくるようになりました。

会社としても、一人立ちできる感覚があり、渋谷区東から渋谷区代官山に移転し、当教室は今でも、子どもと親御さんのための表現力教室として運営しております。

子どもたちが安心できる第三の居場所

お陰様で当教室は２０１２年から10年以上継続し、内向的な子たちが多く通ってくれています。内向的な子以外にも、不登校の子、学校に行かない子、ＨＳＣ気質の子、発達の気になる子、場面緘黙の子なども通ってくれています。その他にも、子役に挑戦したい子や、実際にＮＨＫの子供番組のレギュラー出演をしていた子もいます。

また、大人向け・保護者様向けには「大門式表現力アカデミー」という名の子育て講座や俳優向けレッスン、コミュニケーションに悩む方、プレゼンや講演会の多い経営者の方々の個人レッスン、企業研修などもさせていただいています。すべて「表現力」「コミュニケーション能力」が軸となっています。

子ども向けの「トリッピー表現力教室」に関しては、療育ではない、ただの習い事の教室ですが、全国各地から飛行機に乗って通ってくださっている方もいます。

これは私の推測ですが、発達の気になるお子さんの「グレー」と言われている子たちよりもっともっと薄い「グレーの子」という子たちがいて、ちょっとだけ凹凸の部分があって、教室でちょっと浮いているとか、馴染めていないことがあるのだと思います。そういう子たちが、コミュニケーションや表現（他者への伝え方）を学ぶ場がないのだと思います。こういうジャンルは、グループでやるよりもマンツーマンで伝えたほうが圧倒的に効果が高いです。ですが、経営的にそんな効率の悪いことは普通の教室ではやらないと思います。特に田舎に行くとそういう場はなく、福祉に頼らざるを得ないので、そうなってくると療育手帳を持っていないと療育には通えませんので、さらに「グレー」「薄いグレー」「ちょっと気になる子」は学ぶ機会がないと思います。

接し方次第で、子どもが（大人もです）本音を打ち開けてくれて、本当に自分が感じていることを素直に言えるようになります。自分の気持ちを素直に言える相手がいるかいないかでは、その子の心のゆたかさや自己肯定感、今後の人生の歩み方が変わってくると思います。何をするでもなく、何かすごいことができるわけでもなく、ただそこにいるだけでいいと認めてもらえるかどうか。成績が悪くても、得意なことがなくても、働けていなくても、愛していると伝えられるかどうか。それが、我が子のありのままを受け入れる、認めるということなのではないだろうかと感じています。

これは職場の方やパートナーに対しても同様かなと。ありのままを受け入れることがお互いを尊重するということではないでしょうか。

不登校の子も通ってきますが、本人たちから聞くのは「辛い」という言葉です。学校を休めて嬉しいのは最初だけ。1週間もすれば「自分は何をやっているんだろう」「親にも申し訳ないし」「なんで自分はできないんだろう」と自己嫌悪に陥るそうです。

そんな本音を聞くと、私としては「学校に行きなよ」とは言えなくて。彼らの話を聞いたり、他愛のないおしゃべりをしたりするなかで徐々に勇気づけを行うのみ。親御さんには言えないけれど、信頼できる第三者になら話せるようで、親御さんと子どもの通訳になったつもりになって、お互いの考えていることを伝えていきます。

自分一人ではできないことでも、信頼できる伴走者がいればできることもあります。心の支えがあればやれることもあります。当教室に来る不登校や思春期の子たちもレッスンを受けていくことで心と頭のもやもやが晴れ、自分に自信を持てるようになり、転校をしたりして自分らしくいられる学校に再度通えたりしています。

不登校の子にも当教室に来ることで前向きな変化があるので、大人の引きこもりの方々にも早めにアクションができたらなと思うばかりです。早い段階で親御さんの接し方を変えてみたり、信頼できる第三者と関りを持つことで、違った人生を歩めるかもしれません。

8050問題と言われる昨今ですが、その一助になればとも感じています。

当教室はマンツーマンレッスンで、100%その子に合うプログラムや接し方をしているというのも効果が出る理由の一つです。そして、年齢がいくつであっても、彼らが話すどんな些細な話題でも楽しそうに（心の底から楽しいですが）話しを聞き、大笑いをします。同じ話題を同じ温度感で同じ目線で共有をします。そうすることで「相手が喜んでいる」と相手が感じます。そう感じてもらうことで、無意識的に「自分は相手を喜ばせることができる価値のある人間だ」と伝えることができます。

もし、親御さんの中に「またくだらないことを話している」とか「これは聞かなくてもいいや」と思う方がいらしたら、話題の中身に関係なく、興味を持って彼らの話を聞いてあげてほしいのです。話題の中身が重要なのではなく、楽しい時間を共有することが大事なのであって、「僕の話をお父さんが楽しそうに聞いてくれている」と感じてもらうことをやっていただきたいのです。そうすることで、子どもは愛情を感じ、信頼関係を作れます。最初はどうでも良い話題だったものが、重要な話もしてくれるくらいになります。

何か学校で問題が発生した際に、親御さんに相談しない&できない状態というのが、どんなに危機的状況か。昨今、若者の自死数も増加しています。一人で悩む前になんでも話せる信頼関係があるほうが何十倍も良いと思うのです。ですので、親御さんにぜひやっていただきたいのは、子どもの話しを楽しく聞いて共感をしてあげてください。これに尽きると思います。

心の声にしたがって、一歩進んでみよう

私のやりたいことは「自分らしく生きる人を増やし、自死数、引きこもりの数を減らし、誰もが生きやすい社会を作ること」です。これからもさらにすそ野を広げて、世界中の困っている方にレッスンや講座を届けて、親子のことで困っている方を導いていけたらと思っています。

そのためにも、私と同じようにレッスンができる講師を全国で育てていきたいと思っています。そうすれば、わざわざ飛行機に乗って渋谷まで来なくてもよくなるからです。

あともう一つのやりたいことは、トリッピーキッズたちがだんだん成長してきたので、彼らがイキイキと働ける場を作りたいと思っています。元来、心の優しい子たちですから、持ち前のホスピタリティと豊かな表現力を活かせるように、イキイキと働ける場を提供して、可愛い彼らと一緒にこれからも成長を見守っていけたらと思っています。

もし、人生をどのように過ごしていけばいいか分からないという方がいらっしゃったら、私は行動することをお勧めいたします。ここまで来られたのは、諦めなかった気持ちと実際に行動してみてトライ&エラーを繰り返しながら、動き続けたからだと思います。

お金もツテもないところからのスタートでしたが、人一倍努力をしていたら、周りにサ

ポートをしてくださる方ができてきて、今に至っています。

今になって思えば、私はＨＳＰ気質もありますし、育てにくい子だったと思います。ですが両親は私に付き合い続けて、やりたいことを全力でサポートをしてくれました。「無理じゃないか」とか「やめておけ」と言われたことは一度もありません。「東京で俳優になる」と言っても馬鹿にしなかったのです。やはり、幼少期の親の接し方でお子さんの人間としての土台が培われてくると思います。

だからこそ、お子さんをお持ちの方は「我が子だから無理だ」ではなく、「自分とは違う人間だから」「やってみないとわからない」という視点でお子さんのやりたいことを応援してあげてほしいと思います。もちろん、それはご自身にも向けていただきたい。年齢は関係なく、いつからでも「やりたい」「やってみたい」と思ったことがあれば、心に正直にやってみることをお勧めします。

行動しないと、次の一手を行うタイミングが来ません。次の一手をやり続けると、数日、数か月経った時に「あ、進んでる。進化してる」と分かります。そのためには行動しかありません。頑張ってトライして、自分の心に満足する人生を歩まれることをお祈りしております。自分らしく生きる人を一人でも多くし、世界中の皆さんの心が安寧でありますように。世界が平和でありますように。

あなたへのメッセージ

自分の心に満足する人生を歩むためには、
諦めない気持ちと実際に行動してみて
トライ&エラーを繰り返しながら、
動き続けることです。

大門まきさんへの
お問合わせはコチラ

開業当初から築いていた人脈が形になった女性のためのお仕事プラットフォーム「Dear Woman」の軌跡

Dear Woman株式会社 代表取締役
女性活躍支援事業

高橋奈緒

1985年、埼玉県出身。大学卒業後、アパレルメーカーに勤務するなかで起業を志すようになる。社長秘書やイベント事業、芸能事務所でのマネージャー経験を経て、30歳で起業、「個人事業者のマッチング・サポート業」をスタートする。2022年4月、女性のためのお仕事プラットフォーム「Dear Woman」を設立。関東を中心に多地域に拡大し、女性の活躍を応援するための様々な事業に取り組んでいる。

1日のスケジュール

7:30 起床
8:00 デスクワーク（立案・事業計画の見直しなど）
10:00 アポイント（商談・打合せなど）
13:00 イベント開催・講演など
18:00 仲間と食事
21:00 オンラインミーティング
23:00 お風呂
24:00 就寝

夢と現実

小さい頃から、いつもいつも夢がありました。「お花屋さんになりたい！」「ケーキ屋さんになりたい！」そして、その夢はいつも〝わたしなら叶えられる〟そう信じて疑わず、叶えられないことを想像したことすらありませんでした。幼かったからなのか、無邪気だった証なのか……。そんな私が「あれ、夢を叶えられていない」と気付いたのは、30歳を目前にした頃。そこには、描いていた景色とは違う現実がありました。

「20歳になったら結婚して、子どもは3人」のはずが、戸籍は真っ白。「広いお部屋のあるマンションに住んでいる」はずが、ここは小さなワンルーム。「経営者になって、年収1000万円稼ぐ！」はずが、毎月の支払いに怯える日々。大人になった私は、〝夢は見ているだけじゃ叶わないもの〟そんなことを感じるようになりました。

当時の私は、イベント事業や芸能事務所でマネージャーの仕事に就いていました。業務内容はとてつもなくハードで、夜中の電話、急な出張、トラブル対応など。マネジメントの仕事は好きだけど、そう長くは身がもたないだろうと感じながらも激務に追われる日々。

そんななかで、流れが一気に変わる出来事がありました。会社の事業縮小に伴う芸能部の廃業と、母親の乳がんが見つかったことです。母はすぐに治療が必要という診断で、宣告の1週間後から抗がん剤治療が始まるという状況でした。今振り返ると、これが私の人生の転機になったと思います。

自分の意思と関係なく起こること、自分の力ではどうにも変えられないこと。これが起こる時、何かが変わるタイミングなのだと思います。ただしそれは、嬉しいこともあれば、困難なことの場合もある。どんな状況でも抗わず、受け入れて、できることをやること。

お勤めを辞めると、実家で母の看病がはじまりました。抗がん剤治療は3週間ごとの通院で、最初の頃は久しぶりの親子ドライブ♪みたいな雰囲気で、病院の近くでランチを食べたり、「今度はあそこのお店に行ってみよう」「パンも美味しそうだね」なんてお出かけ気分で通院していました。しかし数週間の間に、体調の悪化・脱毛など、まるでテレビで見る光景が現実となり、今までの家庭生活とは一変。どんどん痩せていく母、ぐったりと苦しそうな姿に、「人生何が起こるかわからない」という、誰かが残したであろう当たり前すぎるその言葉が、私の心に深く刻まれていくのでした。

母の手術は半年後。それまでにかかる莫大な治療費。悲しみと不安を抱えながらも、稼がなきゃいけない。母のそばにいながらできる働き方は……自営業しかない。

何の準備もないままに、とりあえず開業届を出して、あっさりと女性起業家の仲間入りを果たしてしまいました。以前から起業することを夢見ていたので、「それが叶えられるじゃない」と少しウキウキして。この後に起こる実際の事業の道のりが地獄のようであることを、この時は知る由もなく……。あまりにも夢の中身が薄っぺらかったこと、目標の不明確さに、後に深く反省することになります。

ただ、あっさり叶えてしまったこの経験は、「起業したいけど勇気がない」「開業届って重圧です」そんな方にお会いするときに、「大丈夫大丈夫！　とってもカンタンです」と、自信を持って背中を押してあげられる材料にはなりました。そして、このこともしっかりと付け加えます。「大事なのは開業することではなく、その後の計画と考え方、取り組み方です」と。出会う方には、私と同じような辛く苦しい起業ライフを送らせまい。そんな信念が宿っています。

何か新しいことをする時に現れる高ーいハードルは、高い〝気がしている〟だけかも。ハードルは、立っていると越えなきゃいけないけれど、倒してしまえば跨げばいい。見方を変えるのです。越えられるかどうかを心配して立ち止まっている時間はもったいない。それより自分が成し遂げたいゴールを目指して進むこと。その先に夢があるのですから。その道のりでのチャレンジが、自分を変えることになる。世界を変えることになるのです。

ひとりで歩みはじめた道

20代前半の頃から、経営者になりたい！と思っていたのに、何の事業で起業するかを決めていませんでした。大した資格もない、手に職もない、周りに頼れる人もいない。「それでも何かを見つけなきゃ」と、自分が得意であろうことを考えはじめました。広く浅く携わってきたキャリアを逆手に取って、経験豊富だと言い換えてみたり。じゃあ何が身に付いたのかと考えてみたら、【誰かのサポート】【企画妄想力】【傾聴力】……。

今までの経験を掛け合わせながら何かを模索するなかで、自分にしかない強みを探した時、今まで、いつもどんな時にも【人に恵まれ助けてもらってきた】ということを思い出しました。上司や先輩、お友達に優しくしてもらう度に、「いつか恩返ししよう」と思っていたこと。そして度重なる失敗から這い上がってきたことで【度胸】がつきました（笑）。

今まで出会った方、これからご縁をいただく方に、私がお役に立てる仕事をしよう。そう考えたのが「人と人を繋ぐビジネスマッチング業」でした。個人事業にチャレンジする方を秘書のようにサポートしたり、リアルイベントを企画したり、そうだ、オンライン上でも広報をしよう。そんな妄想を広げながら、事業計画を立てます。

ところが、「……あれ？　お金ってどうやってとればいいんだろう」「ホームページってどうやって作ればいいの？」初歩の初歩で早速躓いてしまいました。社長秘書やマネージャーの仕事は、将来経営する時のために選んだ仕事だったのに。収支・損益・マーケティング、ビジネス用語は知らないことだらけで、会社員の頃は、他の部署の方にお任せして成り立っていたことに気付きました。（今会社にお勤めで、これから独立を目指す方には、他部署の方と仲良くして経営の裏側を知ることをお勧めします！）

当時の私は「お金がない」「知識がない」「頼れる人がいない」おまけに病気の母がいるという状況で、「やる」か「やらないか」ならば、やるしかない。頭で考えながら動いてみることにしました。

事業立上げに必要だったのは「お金」「知識」「人」。この中ですぐに作れそうなものは「人」だと思い、経営者の人脈を築くことからはじめました。会える人には会いに行く。お友達にも伝えてみる。私がしていたことは、人に会って、相手の状況・仕事観・将来の展望などをよーく聴く。そこから、相手の想いと自分の想いの重なる部分を見つけながら、自分の状況や今後についての想い・考えを伝える、ということでした。

目的は３つで、①自分の理想がどれだけ通用するかを確かめる ②共感してくれる人を増やす ③ビジネスパートナーになり得る人と繋がる、ということ。これを重ねていった結果、「すごくいいね！」「応援する！」と言ってくださる人もいれば、「できる訳ない」「よくわからない」と言ってくださる人もいました。実際、後者の方のほうが圧倒的に多かったです。そんなことを言われれば、私も悲しくなりました。心が痛むこともありました。ですが当時、「私には無理かもしれない」と思ったことは一度もなかったように思います。根っからの負けず嫌いで、マイナスな言葉をブラックパワーに変えて原動力にしていました。「この人にいつか、すごい！って言わせるんだ」って。

その中で気付いたことは、「一番の敵は自分」だということ。人の言葉に右往左往してしまうことも、できない理由を並べてしまうことも、人のせいにしてしまうことも、できないことや諦めることがあるとすれば、それはすべて自分が決めていることだと。心が折れそうな時には、自分に問いかけて自分で決める練習をしました。「私はどうしたいの？」と。

みなさんも、もしできない理由が浮かんだり、迷った時にはやってみてください。まずは、できる理由を３つ見つけること。見つかったら、「これならできそうだけど、どうかな？」と自分の心に聴いてみましょう。心とよく話し合って、嬉しい！わくわくする！そう感じるほうが自分の答えです。

課題は自分で解決して、自分で答えを見つけて、自分で決める。人生は自分で創っていくんだということを分かりはじめたのは、この頃でした。

夢と覚悟

メンタルと志だけは高かった私ですが、現実はまだ足りないことだらけ。一方で、母の闘病は過酷さを増していきます。ぐったり横たわる母の心配をしながら、母は母で娘の仕事を心配していたようです。「仕事は大丈夫なの?」と、心配と疑いの目でよく聞かれていました。「大丈夫! もう少し」という言葉を、それから何度、何年言い続けたことか。

先にお伝えすると、起業後5年間くらいは売上が厳しく、お金も底の底でした。毎月、月末の諸々の支払いの時には、あの手この手でお金を用意してやり過ごす、綱渡りとはまさにこの状況。フリーランスという自由を手に入れるということは、収入保証を手放すという重みと厳しさを痛感するのでした。

30歳を過ぎて、貯金もない・収入もない・大した資格もない・独身彼氏なし。つまり、頼れる武器が何もない女。「こんな人生のはずじゃなかった」そう立ち止まった時、自分には価値がないような気がして。生きていても意味がないような気がして。夜眠る時「このまま目が覚めないでほしい」そう思う夜を何度も過ごしました。夢を追う反対側で、明日が来るのが怖かった。一日を生きることがつらかった。「お母さんの病気が私だったらよかったのに」そんなことも思っていました。

それから考えたのは、自分はどう生きる道があるのかということ。二つの未来を想像しました。

一つは、このまま歳をとっていった未来。想像するに、このまま独身で、できる仕事は、スーパーでパート・タクシーの運転手・新聞の集金・宅急便屋さんは大変そうだな、こんな感じでした。どれも立派なお仕事です。ただ私の理想とはかけ離れ過ぎていたため、やりたいことができていない生活を想像した時に感じたのが、「絶対嫌だ」と。

そしてもう一つは、こうなったら幸せだと感じる未来。それは、母に安心させてあげられる生活がしたいということでした。病気を抱えながらも心配させてしまっている母に恩返ししよう、と。もう大丈夫だよって、お母さんに100万円渡そう。おいしいうなぎ屋さんに連れて行ってあげよう。働かなくてもいいように仕送りしてあげよう。そんな自分の姿は自立していて、仲間に囲まれながら笑顔でいる、そんな姿でした。

こうして二つの未来を想像すると、今が分岐点だと思いました。道を変えられるのは今しかない。ただし、今までのやり方や習慣を変えるのは簡単なことではないことも自覚していたので、それでも進むのか、一生懸命自分と向き合って覚悟を決めました。

『2年後の12月までに月収50万円稼げなかったら事業をやめる』

好きなことと向いていることは違うし、やりたいことと食べていけることは違う。自分で納得するために、夢に期限を決めました。その日から考え方を変え、目標設定と計画を具体的にして、これならできる！　という行動を考えて動く。動きながら考えて、修正しながら動いて、設定したゴールと理想の自分を描きながら、そこに辿り着くんだと前だけを見て。期限は日々迫ってきます。その時にはもう、できない理由を考えたり、人の意見に引っ張られたり、そんなことに使う時間はありませんでした。

すると少しずつ変化が起こってきました。出会う人が変わり、関わる人が素敵な方ばかりになってきたのです。ようやく方向性が見えてきて、うまく進めそうな足掛かりができ、協力してくれる仲間も集まってきました。

そんな中、コロナウィルスによる未知の時代がやって来るのでした。私の仕事は人に会うこと。お会いして商談したり、セミナーを開催したりという日常でした。それができなくなったことで手段がなくなり、その時に組んでいた仲間の生活も一変し、ようやくまとまりつつあった環境が崩れる予感。突破口を模索しながらの日々となります。

そんななかで、予想しなかった1本の電話が鳴ります。それは尊敬する経営者のお一人。「今会社が厳しくて、髙橋さんのことを思い出しました。改めてお話させてもらえませんか？」というお電話でした。私はとても驚きながらも、つい3か月前まで順調だった企業が経営難になっていく時代なのだと肌で感じ、お世話になった方々に、今こそ私ができることがあるかもしれないと、いつどんな方とお会いしても良いように準備を始めました。

すると、お電話の社長と同じように悩まれている中小企業の社長様とご縁が広がり、口コミでのご紹介や数年前にお会いした方からご連絡をいただくなど、ご相談件数が増えていきました。その中で多かったのが女性です。一人でやってきた女性の個人事業者の方や、専業主婦だけど家族を支えるために仕事をしたいという方、お勤めしているけど副業をして備えていきたい、という女性が集まってきたのです。

一人ひとりお話を伺うことで見えてきたことは、女性の共通した3つの課題【家庭との両立】【就業経験の浅さ】【事業の相談相手がいない】ということでした。ですがその一方で女性は【やりたい！　という想いが強くある】という魅力もありました。こんなに素晴らしい想いを持っている女性たちが夢を叶えられたら……強くて優しい女性が増えたら、その周りの大切な方々も笑顔になるのではないか。そう感じ、女性の課題をクリアしながら仲間になって支え合う仕組みを構想し始めました。

本当に叶えたいことは、自分と約束をする。叶えると自分がどうなるのか。周りの誰が喜ぶのか。どんな目的が果たせるのか。いつまでにやるのか。スケジュール帳に楽しみな未来の予定を入れるように。叶えると決めたその日まで、笑顔で一生懸命やること。

大切な自分との、約束だから。

夢はちいさな一歩から

期限を決めていた期日まで、あと3か月という月日を迎えた頃、母の病状が悪化し、入院と手術をすることになりました。病院の先生いわく、「手術をしたら2週間ほどリハビリをして退院できます」とのこと。当時コロナの真っ只中で、お見舞いもできず、母は寂しかったことでしょう。それを感じながらも私は、退院してからの看病に備えて、今のうちにとパンパンに仕事を入れていました。ところが、術後3週間が経過しても回復が見られず、リハビリには個人差があると聞かされます。「お母さん、もうすぐだって。リハビリ頑張ろうね！」そう話していた矢先、母は息を引き取りました。

突然のことでした。病院にいながら、こんなことがあるなんて……。憤りと後悔と、母親がいなくなるという事実を受け入れられない悲しみと無力感。もう前に進むなど、夢を追いかける気力も、生きる意味すらも失っていました。もう頑張る意味などない、と。

母に見せたかった姿がありました。感謝をちゃんと伝えたかった。でももう話せない。

〝お母さんが伝えてくれたことはなんだろう〟

そして母とのワンシーンを思い出します。病室で「お母さん、私仕事に行かなきゃ。ごめんね、いってきます」その返事が、母がくれた最後の言葉になりました。

『いってらっしゃい』

もう何十年も何回も、そう言って送り出してくれたお母さんの最後の声は、ずっと今も聴こえてきます。「行こう」そう思いました。母へのごめんねとありがとうと、いってきますを胸にして、また歩き出してみよう。

この時に得た最大の教訓は、「いつかいつかと思っていると、叶えられなくなる夢がある」ということです。私の事業の目標の中には「母のため」がありました。母に恩返しをし、安心してもらいたい。うなぎ屋さんに連れていきたい。仕送りしてあげたい、という夢です。でもそれはもう、私がいくら大成功したとしても叶えることはできません。これは私の後悔として刻まれました。あと1年だけでも早ければ。

人生という制限時間の中で人は生きています。みんなが私のように後悔したり諦めたりしないように。私が母にしてあげたいと思っていたその原動力を仲間のみんなのために使おう。一人でも多くの方のたくさんの夢を一緒に叶えよう！そう決心しました。

そして2022年4月、女性のためのお仕事プラットフォーム「Dear Woman」を立ち上げました。個人事業にチャレンジする女性、夢を追いかける女性が、一人ではなく仲間となり、協力し合ってビジネスを育てていきます。

多くのご縁があり、魅力ある女性の皆さまと、女性を応援する男性サポーターの皆さまが仲間になられ、設立から1年で関東から九州まで約１００名の規模となりました。

これからは、女性ならではの事業に取り組んでいきます。例えば、「フェムケア」「食」「日本文化」など。その事業を通して新たな仕事を生み出し、輝く女性を増やすこと。そして地域社会に、未来に貢献できるチームでありたいと考えています。今の夢は、Dear Woman の仲間を全国に10万人つくること。そして後世に受け継がれていくことです。

人生は長いようで短いような、長いような。でもひとつ決まっていることは、人生には必ず終わりがあるということです。母が教えてくれたこと。いつかまた母に会えたら「奈緒、がんばったね」そう言ってもらえることが、私のこれからの夢です。

夢は、いくつになっても何度でも叶えられる。

仲間の力が、不可能を可能にしてくれる。

人生は、自分の思う通りに創っていくことができます。もし何かを変えたいと思っている方がいたら、その憧れを鮮明にイメージしてみてください。そして、誰かに話してみる。「素敵だね」って言ってもらえたら、自信を持って。おうちの玄関を出るように、軽やかに一歩を歩み出してみてください。私たちは、きっと大丈夫。

あなたへのメッセージ

自分の心が満足する人生を歩むためには、
諦めない気持ちと実際に行動してみて
トライ&エラーを繰り返しながら、
動き続けることです。

髙橋奈緒さんへの
お問合わせはコチラ

「月の半分働いて人より稼ぐ」を叶えるために辿り着いた不動産投資家になるまでの道のり

株式会社たにほや 代表取締役
不動産業

谷保清香

1980年、東大阪生まれ。幼少期から身近にあった借金問題により、学生の頃からお金に振り回されない人生を歩みたいと考える。稼ぐには何をすればいいか試行錯誤し、不動産投資家となる。個人で一棟リノベーションや利回り23.4％を達成したのち、一人きりの不動産屋を開業。低所得の方や、収入があっても居住費をおさえて将来に備えたいという価値観の方に向けたマイホーム（リノベーション済中古戸建て）の企画・販売を手掛ける。

1日のスケジュール

6:00 起床、白湯を飲む

6:30 犬の散歩

8:00 神棚とご先祖様へのご挨拶

8:15 入浴、家事タイム

10:00 歩いてオフィスに出社（週に1～2回。他、月2回リフォーム中の現場確認へ）

11:00 ブランチと、ついでに夕食の買い物へ

17:30 帰宅、夕食づくり

18:00 夕食

19:00 不動産・投資関連の有料塾で動画学習 Instagram流し見など自分時間

22:00 就寝

好きなことを、探し続ける。

思えば十代の頃の私の夢は、若いうちにお嫁さんになることでした。そんな私のベクトルが「月の半分働いて人より稼ぐ」ことに向かい、叶えるまでの物語。

私は20代前半から30代前半まで、いわゆるまっとうな生き方は選ばず、周りからはピーターパン症候群だと思われかねない生き方をしていました。でもそう映っていた時期は、今思えば自分の「好きなこと」を探す旅の途中だったのです。

その道中に取った行動や考えたこと、得た学びをお話しすることで、誰かにとってほんの少しでも勇気のいる決断の後押しや、何かの答えにたどり着く近道になればと願います。

幼少期、我が家は貧乏とまではいかずとも裕福でもありませんでした。住まいは東大阪の古い文化住宅。家族は父・母・姉・私の4人。のちに8つ下の妹が生まれました。

父は大工でしたが、パンチの効いたお茶目なピーターパンで、2年ほど働かない期間もあったそうです。母は幼い私をおぶって新聞配達をしていた時期もありました。本当のところはギリギリだったのかもしれませんが、想像するに母の並々ならぬ努力のお蔭でご飯はお腹いっぱい食べられていたし、誕生日にはいちごのショートケーキを買ってくれたので、貧しい思いをした記憶はありません。

母方の祖父は、東大阪で小さな卸売業の会社を営んでいました。記憶の中の祖父は、私たち孫を目の前でローストビーフを切り分けてくれるような豪華な外食に連れて行ってくれたり、麻雀やゴルフを嗜んだり、「それなりの社長さん」に映っていました。

しかしその後、豪快な祖父の豪快などんぶり勘定っぷりが、数千万円にのぼる多額の借金という形で発覚します。母と叔母が返済に奔走し始め、私が高校生の頃まで数年の間は、何度も「明日までに〇百万円入金しなければ不渡りになる」みたいな状況に陥っていました。最後は、若くして亡くなった父の生命保険金と、叔母が友人から借りたお金で何とか完済したような状態でした。この出来事が、「お金に振り回されてはいけない。そのためにはお金の勉強が必要だ」そんな考えを持つきっかけをくれました。

盛大にやらかしてもどこか憎めない愛されキャラの祖父をはじめ、子には不自由を感じさせず、困難を乗り越える逞しい背中を見せてくれた母や叔母にはとても感謝しています。

さて。では、どうしたものか？　私はそれから、常に頭のどこかでお金について考えるようになりました。高校生のアルバイトでは時給について考えました。先に働いていた先輩は、私より10円時給が高い。なるほど。10円です。高校生なので土日以外は長時間シフトに入れるわけでもないので、10円の差は月給にしても数百円でした。

希望が持てない時給という働き方から早々にシフトチェンジの必要性を感じていた私は、高校を卒業してから新聞の訪問販売のアルバイトをしました。私のチームのリーダーは、なんと16歳の女の子でした。昼間は留守のお宅も多いので、彼女は夕方の2時間で、多い日には3件の契約を取ってきます。当時、3年契約の1件あたりの歩合は3万円。1日で9万円の収入です。なるほど。歩合か。とにかくピンポンしました。扉を開けてもらうのに必死で、インターホン前で話し続けました。

自分自身が人見知りで、営業するのも初めましての人と話すのすらも好きではないということを、その仕事で知ることになりました。しかし同時に、自分に足りない能力は、行動量を増やすことである程度カバーできるということも実感しました。うまく話せず冷たく断られることがほとんどの中、コツコツ200件ピンポンすれば、大体1件は契約が取れたのです。これは大きな学びで、後の不動産仕入れ営業の仕事や、不動産投資を始める時にも大いに役立ちました。

次のステップでは、稼ぐ金額だけでなく、自分に合った稼ぎ方についても考えるようになりました。21歳から2年間だけ正社員として働いた保険会社では、生命保険の必要性にピンとこず、自分が営業をかけている商品に興味が持てませんでした。それでも行動量を増やして担当地域の企業をコツコツ訪問し、なんとか最低限の契約は取れていました。

しかし、やはり興味がないことでは成果が出しづらく、エネルギーを注ぐのは非効率だと感じていました。そして、歩合給の仕組みも1件に対していくらではなく、むしろある一定のバーを越えないと基本給すら下がるような仕組みでした。私の単純な頭では、複雑な給与計算だとモチベーションが上がらず、また、フルタイムで働きながらどこかで1日2時間で効率よく稼ぐ16歳の彼女の姿が忘れられなかったのだと思います。

再びフリーターに戻った私は、1個売ったらいくらの歩合制の店頭販売をしました。商店街を行き交う人々に、パフォーマーさながらのオーバーアクションで声をかけ、試食から購入に誘います。基本的に稼ぎたい私は、多い時には100個以上の商品を売りました。基本給6千円で1缶あたり300円の歩合だったので、多い日には3万6千円の収入です。ただし終日大声を張り上げるので、1日働いたら2日ほど休まなければ声が出なくなってしまいました。月に10日ほど働いて、30万円前後の稼ぎでした。この辺りで、自分の中で「月の半分働いて人より稼ぐ」という一つのテーマが決まりました。

またこの頃から始めたのは、自己啓発本やお金の本、指南書を読むこと。手帳に月ごとの目標や、その日稼いだ金額、ほしいもののリストを書くこと。とにかく方向性を見失わないように、自分のモチベーションをキープできるように努めました。

私は活字を読むのがとても苦手なので、読んだ数は決して多くないし、買ったのに1ページも読まなかった本もありました。ですが、うっかりするとすぐに遊びにばかり気を取られてしまうので、本や手帳を視界に入れるだけでも意外と重要だったと思っています。

それからさらに、いろんなことに手を出しました。稼働時間が2時間程度で日給の良いイベントMCのアルバイト。成果が0だった富裕層向けの商材（ハワイのコンドミニアムやジェット機）を扱っている販売代理店のお手伝い。スタート前に挫けた中国向けのアパレルサイトに、共同出資で出店して出資金が回収できなかったハワイでの肉巻きおにぎり屋。ほかにも情報商材をチラッとだけ読んでFXに手を出したり、投資ファンドにお金をつっこんだり。これらは一部ですが、この暗中模索の時期は32歳までおよそ8年間続きました。さすがになかなか軸が定まらない自分にコンプレックスを感じた時期もありましたが、そんな時に出会った言葉が、私の歩みを止めないように手伝ってくれました。

「好きなことに出会うまで、転職をやめてはいけない」

スティーブ・ジョブズの名言ですが、検索すると少し違う言葉で出てくるので、その時は自分の状況に合うように都合よく変換してこう記憶したのだと思います。答えを探し求めて動いていると、必要な時に、不思議と必要な言葉が目に飛び込んでくるものなのです。

この期間、「好きなこと」の答えは見つかりませんでしたが、自分のお金に対する価値観や人生観が確認できました。何せ自己啓発本を読んでいますから、東京で知り合ったお金持ちとも積極的に交流を持ちました。しかし極端にセレブな生活は、現実味の有無関係なく興味が湧きませんでした。ブランド物が欲しいわけでもないし、タワマンに住みたいわけでもないし、船がほしいわけでもありません。それよりも、自分や愛犬の体を作る口にするものは無添加やオーガニックの良質なものにしたいし、ネイルやエステで少し自分を労い、月に1回のお気に入りの焼肉店や、記念日には銀座のお鮨屋さんで食事をしたい。

それにプラス、その頃すでに上京し、家族と離れて暮らしていた私がさらに次のステップとして考え始めたのが、「家族や愛犬のピンチには、月の半分どころか時間に制限なく帰れる状況を作りたい」ということでした。この考えが、不労所得という分野に目を向け、不動産投資という選択肢を視野に入れる第一歩になりました。

▼好きなことを探すことは、なりたい自分を探すこと
▼モチベーションキープは、意識と努力が必要。目標は常に視界に入れる
(実例)自宅に自己啓発スペース(デスクでOK)を作り、目標を貼り出して自分を洗脳

目的の為に必要なら、迷わず転職しまくる。

少し遡り、30歳の時に東京で結婚をした私は、31歳の時にふと家がほしくなりました。主人は音楽の仕事で当時収入にムラがあったので、家を買うには私が正社員になるのが近道だと考えました。立地は、真夜中に仕事が終わることも多い主人の仕事柄、都心からタクシーで帰りやすいことが条件となり、予算的にも選択肢は中古マンション一択となりました。小学生の頃に小さな戸建てに移り住んでいた私は、マンション、しかも中古住宅に馴染みがなく、買ってもいい中古マンションのリアルな判断基準が知りたい、どうせ働くならと中古マンションを専門に仲介している会社に就職したのです。不動産投資も視野に入れ始めた頃でしたが、これが不動産業界に足を踏み入れるきっかけとなりました。

目的が明確な時の私は最強です。その会社は昼食が支給され、スタンディングスタイルでいただきます。食べ終わると各自食器を洗い、仕事に戻ります。（つまりコンビニに行く自由はありません）19時から22時までは電話営業です。終礼を終え、時にはそのあと週末案内予定の物件の下見に行きます。もちろん電車はなくなるので、社用車で帰ります。そうです。ブラック企業です。休みは月に5回でしたが、私は家を買うという目的のために入社したので、めげることはありませんでした。半年後、主人と共有名義で無事一目惚れしたルーフバルコニー付の家を買うことができ、目的を果たしましたが、久しぶりの社会人復帰なので1年は仕事を続け、社畜生活を卒業しました。

不労所得という分野に目を向けはじめた時に真逆の条件の仕事に就いたことは、目的達成へのモチベーションをＭＡＸにしてくれました。不動産投資家になることをコミットした私は、引き続き働きながら目的に関連した学びも得られる不動産業界の中で、金融機関が審査の際に重要視する勤務先の規模や年収など「アパートローンを借りられる自分になる」という基準で選んだ会社に就職しました。

そして、これがついに、私の「好きなこと」と言える初めての仕事との出会いとなり、たくさんの仕事観を確認できるターニングポイントとなりました。

その会社では、中古マンションの一室を仕入れる部署に配属されました。買取再販と呼ばれるジャンルで、リノベーションして転売し、差額が利益となります。モチベーションになったのが歩合給で、利益に対するパーセンテージが貰え、昇格についても半期に5千万円利益を上げれば係長など、目安が知らされていたのです。私は自分の物件の販売図面と損益計算書を貼ったノートを常に持ち歩き、今月売れたら利益は○百万円で確定し、あと○百万円で昇格して年収がこれくらいになる…など、常に目標に対する現在地を確認していました。入社した目的が、年収をアパートローンが借りられるラインまで育てることだったので、仕事を頑張ることが自分の目的を叶えることと完全にイコールになり、今までにないくらい仕事とプライベートを脳内で関連付けることができました。

面白くなったのは、自分の目利きで仕入れた物件が売れるようになってからでした。仕入れる時にときめいた物件は、大体完成前や完成後すぐに売れ、利益もたくさん出ました。狙い通りに売れた時の気持ちよさが、なんともクセになりました。不動産の買取再販。これが私の見つけた「好きなこと」でした。

気持ちが入っていたこの仕事は4年続けて課長にまでなり、自分の仕事観に対する気づきや学びも非常に多くありました。お客様は神様的なB to Cの営業は好きではないけど、B to Bは交渉が面白く、自分も相手を選べてストレスが少ないこと。仕事にストレスはつきものだけど、自分が一番ストレスを感じるのは尊敬できない人に指示されることだということ。報告は結論から話したほうがいいということ。人間関係においては相手のタイプを理解して、話し方や質問の仕方を変えるとお互いにストレスが減り、仕事が円滑に進むということ。

大好きな仕事でしたが、最後は本に書いてあった目標年収に到達したにも関わらずローン審査に落ちてしまい、次は本からの情報ではなく、不動産投資の融資に強い会社の内部に潜入しなければならない!! と、あっさり転職を決めたのでした。

そうして私は、不動産投資の安全基準の考え方、不動産投資の種類やその中で自分の性格や資産状況×目指したいゴールのバランス的に向いている手法、融資についてのリアルを働きながら学び、無事に不動産投資家になるという大きな目的を果たしました。

ちなみに投資家を目指しておいて自己資金をあまり貯めていなかった私は、過去の学びをしっかりと活かし、30行もの金融機関に相談。29行の融資不可の回答にめげず、1行の融資承認を勝ち取りました。行動量は、足りない貯金能力すらカバーしてくれました(笑)。

仕上げは、ふと目に留まった求人広告。見た瞬間、自分の最終形態に必要な最後のピースはこれだと確信し、100万円以上も年収減となる築古戸建て専門のリフォーム会社へ、これまた迷うことなく転職をしたのです。

▼人生には、頑張り時がある。行動量は時に、最大の武器となる
▼相手に合わせたコミュニケーション術は、知っていて損はなし
▼世は大転職時代。自ら働き方を選択し、興味のど真ん中には恐れず軽やかに飛び込む!

ミニマルに暮らし、将来の選択肢を広げる。

「ミニマルホーム」。一人きりの不動産屋で、私が手掛ける家のブランドコンセプトです。不動産投資家になると決めた時、住宅ローンを年収に対してめいっぱい組むことは、将来の選択肢を狭めてしまうことだと考えました。私自身は、都心でミニマル（必要最小限）な中古マンションで暮らしていますが、TVのインタビューに答える若いご夫婦は、老後2000万円問題や円安・物価の上昇に怯えているはずなのに、子どもができると当然の流れと言わんばかりに立派な新築住宅を購入します。あまりに多くの方が同じ道を辿りますが、選択肢にはもっとパターンがあっていいはずだし、その別のパターンが世の中に広まれば、老後の心配をしなくてはならない人が減るはずなのです。

私の提案する別のパターンは、「最初は」マイホームを必要最小限のものにして、居住費を月々5万円減らし、将来の選択肢を増やすこと。例えば私が現在メインエリアとしている千葉県船橋市では、60～80平米の新築戸建ての相場は2023年現在では約3600万円ですが、私は同じくらいの広さの築古戸建てをフルリフォームして1500万円前後で販売します。住宅ローンの支払いの差は金利1％とすると毎月6万円弱となり、35年の支払総額差で言うと約2490万円にもなります。さらにそれを貯蓄ではなく、何かしらの投資に使うことを提案したい。例えば不動産投資だと、家賃収入を得られるようになってからマイホームをグレードアップすることもできるし、(現金購入の場合)7〜800万円貯まるごとに1軒の投資用戸建てを購入・リフォームし、3軒購入後は利回り10％で月々約20万円を生涯手にすることもできます。だって2490万円の現金は、月々10万円使えばこの人生100年時代に20年と9か月で使い切ってしまうのですから。

勉強は必要だし、多少は身の丈に合った範囲で投資するべきだし、自己責任だという覚悟も必要ですが、数ある投資の中で少額の不動産投資に限っては、物理的努力で何とかなると私は実体験で確信しています。優先的に紹介してもらえるように、物件近くの賃貸仲介さんは広告料等どういう条件なら頑張ってくれるのかヒアリングしたり、実際に20社回ってアピールしたり、リフォームを工夫したり。そもそも女性は絶対に向いています。

そして、お金がなくても少額の戸建て投資などに狙いを定め、融資をうまく利用するなどして、ベストは少しでも早く実績を作ること。お金に関する経験値を上げることが大切なのです。

▼年収等によって人それぞれ融資枠がある。お金を生み出すものを買うための余力を残す
▼不動産投資や事業立ち上げ時は融資を使うので、貯金0でもカード遅延だけはしない！

信じる。願う。書く。動く。は、叶う。

今私が手にしている状態は、何年か前の私が願い、ノートに書いたことそのままです。家賃収入の額もそれを達成した年月も、セミリタイヤ状態になった年齢さえも。自分の経験を本に書くことも、確か15年以上も前に手帳に書いたことがあります。本当に、まったくその通りに叶っているのです。

願いを叶えるために必要なアクションは、とても簡単です。そして、誰でも今すぐにできることです。「願えば叶う」という言葉を信じ、なりたい自分や願いを書き、達成した自分をイメージしてください。本やSNSを流し見し、視線を上げて街を歩いてください。

必ず達成に近づくためのルートのヒントが、目や耳に飛び込んできます。キャッチできる自分でいるために、先人がしたように言霊を大切にし、ご先祖様や神様への感謝の気持ちを持ち、徳を積んでください。キャッチしたら、準備が整うのを待たずに飛び込んでみて、試行錯誤を繰り返してください。

「願えば叶う」「思考は現実化する」

あなたにも、必ず起こります。これは本当に、本当のお話です。

あなたへのメッセージ

なりたい自分や願いを書き、
達成した自分をイメージすれば、
必ず達成に近づくための
ルートのヒントが
目や耳に飛び込んでくる。

谷保清香さんへの
お問合わせはコチラ

ベビーシッターから始まり
15年かけて
認可保育園を
7園にするまでに
乗り越えてきた
数々の壁

株式会社TWO CARAT 代表取締役
保育園運営

富澤志保

1975年、大阪府吹田市生まれ。芸能プロダクションに勤務後、東京都世田谷区でベビーシッターサービス・託児所を運営するため、株式会社 TWO CARAT を設立。現在は東京の認可外保育施設、及び北海道、名古屋で認可保育園を7園運営。2024年、札幌市手稲区に8園目となる認可保育園の開園が決定。「VERY」「A-Studio/ ゲストの友人として」などにも出演。

1日のスケジュール

6:00 起床・お客様からのご予約確認・身支度
9:00 幼稚園送迎
10:00 ラブクローバー 託児ルームに出社
13:30 幼稚園お迎え
14:00 次女の習い事送迎
16:00 ラブクローバー 託児ルームに戻り再度仕事
17:30 帰宅
18:30 夕食
19:00 事務仕事
20:00 子どもたちと入浴
21:30 事務仕事
25:00 就寝

どこで諦めるか、どこまで頑張るのか

高校1年生の夏、母が肺がんになり、余命3か月と宣告されました。地元大阪で高校に通い始め、新生活を楽しんでいたときでしたが、母子家庭ということもあり、働けなくなった母と共に祖母のいる秋田に移り住むことになりました。病気と闘いながら懸命に生きていた母。幼すぎた私は何のサポートもできないまま、翌年1月、母は他界しました。元々折り合いがよくなかった祖母とは2人きりで生活していくことができず、単身で地元大阪へ戻り、高校を再受験。母の親友に支えてもらいながら高校生活を送りました。

私には小さな頃から歌手になりたいという夢がありました。歌うことが本当に大好きで、毎日欠かさず練習をしていましたが、歌だけでは難しいと悟り、作詞作曲もするように。

そして、シンガーソングライターを目指して上京。中山美穂さんが大好きで、いろんなところでその話題をしていると、美穂さんのコンサートケイタリングのお仕事が舞い込んできたのです。そこで知り合った方々にデモテープを配っていると、ある事務所に所属させてもらえることになりました。レッスンに通わせてもらい、仮歌やイベント、コーラスのお仕事をさせてもらいながらデビューを目指していましたが、なかなか芽が出ないまま

数年が経ち、そろそろデスク（事務）として働くか？とのお声が（笑）。社員として働いて数年が経ち、結婚、そして出産。生活に余裕がなく、昼も夜も働き、生計を支えていたので、息子と一緒に過ごせる時間はほぼありませんでした。母子家庭で育った私は、絶対に離婚はしない！　と結婚しましたが、蛙の子は蛙なのでしょうか。長男が2歳の時に離婚。母と同じ道を歩むことになってしまいました。

シングルマザーになった頃、認可保育園に預けていながらも、閉園後や日曜日の預け先に困り、ベビーシッターを調べてはみたものの、とても高額で預けられないと思いました。

そんな時、「そっか！　私が息子と一緒に託児すればいいのか！」そう思い、夜お仕事がある知り合いのお子さまを自宅で毎日預かるようになりました。ご紹介などもあり、少しずつお客様が増えていきましたが、個人事業主ということに不安がられる方や、訪問のご依頼が重なると、私一人ではお受けできない状況などもあり、友人と一緒にベビーシッター会社を立ち上げました。

母が亡くなった時、天涯孤独だと思いながらも、夢があったことに救われました。目標に向かってひたすら頑張ってみたものの、その夢が叶えられず、母になってからも何かしっくりこず、ただ生活するために生きているような感覚でしたが、また夢を持つことができるんだ、そう思えた起業でした。

そこに愛はあるんか？

周囲から、友達と起業するのは辞めときなさいと反対されましたが、その助言を聞かず、友人と起業。２人が輝ける場所にしたいという思いから、法人名は「TWO CARAT」にしました。そして、シッター部門の名称は、大好きな中山美穂さんの楽曲から頂戴し「ラブクローバー」という屋号にしました。ご本人にも許可を得て、応援していただいています。

起業に関する知識や書類作成はネットなどを参考にしながら自分たちで作成し、サービス内容はわかりやすくを基本に。24時間料金一律、保育園・幼稚園のお迎えから深夜までのお預かり、お泊まり保育、病児保育など、困ったご両親の味方になれるシッター会社を作りたくて、初めはいろんなことを２人で考え、ワクワクしながら前に進めていました。

ところが、徐々に仕事に対する考え方の違いなどでうまくいかなくなり、友人は1年ほどで会社を去りました。数年経って友人関係を修復し、今は仲良くやっています。

保育のプロではない私が立ち上げたシッター会社です。（チャイルドマインダーの資格は取りました）こんな言い方をすると不安になられる方もいるかもしれませんが、何が一番大切かといえば、想いなのかなと思います。

頭でっかちで、ルールでがんじがらめの保育士をよく目にします。ルールは必要ですが「そこに愛はあるんか?」です。世の中にはグレーもあると私は思います。今、白か黒か決めなくてもいい時もありますし、白黒はっきりつけてしまうことが誰かを傷つけてしまうこともあると思うのです。ルールを決めなければならないのは、自分で考え、行動することができないからではないでしょうか。根っこに「愛」があれば、十分だと思います。

立ち上げた初月の売上は3万円。電話も鳴らず、法人にした意味はあったのかな?と笑いながら話していたのを今でも覚えています。しかし、その年の終わりには月100万の売上が見えてきて、今思えばあの時の100万円って、今日につながる原動力だった気がします。

会社を立ち上げて少し経った頃、心の支えになってくれていた方と再婚しました。そして、なかなか授かることのできなかった赤ちゃんを授かり、2012年、待望の第二子を出産しました。公私共に益々頑張らなくてはと思っていた矢先、生後1か月で娘は亡くなりました。突然死症候群でした。なぜこの職種をしている私たちにこのようなことが起こってしまったのか。悲しくて悲しくて、光が見えない日々の中、同じように傷ついた長男を今までと変わらない日常に戻してあげることも私たちの大きな役割で、そんな長男との時間を取り戻しながら、一方で仕事は「保育という仕事に対して真剣に向き合いなさい!」

そんな娘からの大きなメッセージだと受け取め、今まで以上に責任を持ち、お預かりさせていただいている大切な命と向き合っていこうと、再スタートをきることができました。

そんな経験をしたからか、大切なことを後回しにすることがなくなりました。ありきたりですが、後悔しないために今を生きる。一生懸命文句も言わず頑張っている人、なんならそれを楽しんでいる人、そんな人を見て嫌だな、そう思う人っているでしょうか。そんな風にどんなシーンも一生懸命、思いやりや心を持って行動すれば、仕事にも活かされ、相手に喜んでいただけると思うのです。それはもう資格とかではないと思います。

保育資格がなくても、ラブクローバーにはご指名がかかるシッターしかいません。なぜなら、心ある人しか採用しないからです。ラブクローバーの数多いサービス内容は、そんな職員だからこそ小回りがきき、想いをのせて対応できるのです。

また、プロダクション勤務だった経歴が、この仕事に活かされています。その業界に携わるお客さまが多く、自分がそこにいたからこそわかる部分もあり、ご相談を多く頂戴しています。本当に感謝です。何がどこで繋がってくるのか、繋がっていくのかわからないものですね。プライベートでは、第三子を授かり出産。第二子が生きていたら、きっとこの命には出会えなかったね、と支えてくれていたまわりのみんなに感謝し、生まれてきてくれた命に救われた我が家でした。

感謝の気持ちを忘れず、謙虚に生きる

東京でベビーシッターとともに、認可外保育施設を運営していましたが、認可外の波は想像以上に荒く、安定を求めるにはなかなか難しい状況でした。職員の数も一定数抱えていましたので、社会保険加入やら、経理業務など事務の仕事も煩雑になっていた頃、主人の力を借りないと社内を円滑にまわせなくなってきていました。

そして正式に主人に加わってもらい、どうにか運営をしていましたが、どんどん増えていく認可保育園に煽られ激減する利用者。このまま認可外だけで運営していくのは難しいと考え、認可取得を真剣に目指すようになりました。世田谷区から始まった会社でしたので、まずは世田谷区内での認可取得を目指しました。分厚い書類を作成するために何千枚印刷したことでしょう。コピー機も悲鳴をあげていました（笑）。

しかし、認可保育園の壁はとても高かったです。そりゃそうですよね、認可事業ですから、そう簡単に想いだけで立ち上げた会社が認可採択をいただけることなどありません。

ですが無理だと言われると、絶対に認可保育園を「ラブクローバー」の名で開園するんだという思いにかられ、いろんな方に話しを聞くため、あっちへ行き、こっちへ行っては

奔走している時、ある方に出会いました。認可取得へ向けて、たくさんのアドバイスをいただき、再びコピー機が壊れてしまうほど印刷し、書類作成。そして、思いをのせて挑んだ2018年、「ラブクローバー」として初めて認可採択をいただきました。

忘れもしません、採択の連絡をいただいた日は、第四子が生まれた日でした。第二子の女児を亡くし、苦悩はありましたが、希望を繋いでくれた第三子はやんちゃな男の子。最後にどうしても女の子に巡り合いたくて、その間4度の流産を経験しましたが、43歳で無事女の子を出産しました。諦めず頑張ってよかったと今でも心から強く思います。

産後すぐ名古屋市西区に小規模認可保育園「ラブクローバー浄心」が開園。同じ頃、挙手していた北海道札幌市での採択もいただき、2019年4月ラブクローバーで2園目となる認可保育園「ラブクーバーのほいくえん札幌清田」を開園することができました。

認可保育園を立ち上げてみて一番に感じたことは、雇用の難しさです。東京で約10年やってきたベビーシッターと認可外保育園は、保育資格がマスト条件ではないので、何度もお話ししてきた通り、心ある職員を採用しています。保育資格に左右されず、人間性を一番大切にしています。だからこそこんな素敵な職員がいる認可保育園をつくりたいと思ったのですが、認可保育園は保育資格がマスト条件なのです。

そしてここ数年は保育士不足問題を抱えています。選べるほど人材が集まらないのです。

選べない状況ですから、保育資格があれば即採用。保育資格を取得して働いた瞬間から、先生と呼ばれる職業です。人生経験も年齢も保護者が上でも、そこを理解できていないまま社会に出て先生になってしまっている保育士、愚痴や不満ばかりを言う保育士、ルールの中でしか動けない保育士……、あんまり書いてしまうと全保育士を敵にまわしてしまいそうですが（笑）。結果、そのような職員が紛れてしまうのは言うまでもありません。本当に悩まされました。やってみないとわからないものですね。キラキラ輝いて見えた認可保育園ですが、思いやりや心があるということだけで採用できない難しさがありました。

ですが、ひたすら「人」にこだわり続けてやっていると、不思議なもので、結果的に残ってくれる職員や、新たに入ってきてくれる職員は素敵な人ばかりです。2020年に名古屋市緑区に小規模認可保育園「ラブクローバー神沢」、2021年に名古屋市中村区に小規模認可保育園「ラブクローバー名駅南」、同時に札幌市清田区に認可保育園「ラブクローバーのほいくえん札幌北野」、2022年に北海道江別市に「ラブクローバーのほいくえん江別」、札幌市西区に「ラブクローバーのほいくえん札幌西野」を開園することができました。そして2024年4月「ラブクローバーのほいくえん新発寒」を開園予定です。

素敵な園長陣にも恵まれ、まだ完璧とは言えませんが自慢の素敵な職員でいっぱいになりつつあります。ある園の園長を募集した時、「ずっとラブクローバーで働きたかったんです」と、泣いて喜んでくれた職員がいました。別の園で応募した時にはすでに園長が確定されていて、ずっとこの時を待っていましたと。そんな嬉しいことはないですよね。今ではエリアをまとめあげてくれるほど、ラブクローバーになくてはならない存在です。

全園を通して言えることは、離職率が本当に少ないということです。各園、問題がゼロということはもちろんないのですが、みんなで助け合い、乗り越えていってくれていることに頭が上がりません。認可園のリーダーを担ってくれている職員は細やかな気遣いと笑いと愛であふれています。この方がいなければ、認可園7園をとりまとめることは困難だったと思います。

そして、欠かせないのが東京本社職員、15年間苦楽をともにしたメンバーです。シッター業はもちろんのこと、スケジューリング、認可事業の事務作業、すべてにおいての取りまとめなど多岐にわたる仕事をこなしてくれるだけでなく、ハードスケジュールな毎日も、嫌な顔をせず共に寄り添い歩いてくれるこの職員たちに、私はなんと感謝を述べてよいやら。ここで言わせてください。いつもありがとう。

ビジネスで考えると保育園事業は、園数が増えても儲からないなと思います（笑）。儲けようと思ったらなかなか難しいビジネスですね。想いがないとできません。他業種からの参入も珍しくありませんが、やっていて思うことは片手間になんてできないということです。担任案の相談から、行事ごとの内容相談、トイレが詰まって流れません問題まで、全部相談にのっています。各園から毎日電話がかかってきます。みんなと共に作り上げていくことが好きなのだと思います。やり甲斐しかありません。

世田谷区で認可取得をトライし、あっけなく散ってしまったあの時は、私たちに認可保育園なんてできるのか？　と自信喪失していましたが、諦めず絶対やるんだ、やれるんだ！と信じて無我夢中で走ってきた結果が今なのかなと思います。

一見順調そうに見えますが……母は42歳で他界し、自分自身が42歳の時も、追い越した後も病気に対してはとても敏感になっていました。42歳はちょうど妊婦でしたので、友人が「大丈夫だよ、赤ちゃんが守ってくれているから」と言ってくれたその言葉がとても心に響いたのを覚えています。無事出産をし、しばらくしてから、妊婦だったため1年とばした健康診断を受けました。いつも総合評価は悪く、精密検査、経過観察の文字がずらりと並んでいるのであまり驚きはしませんが、婦人科だけ呼び出されたのです。

あれ？と少し嫌な予感はしていました。エコーで少しあやしい影があると言われ、念のため細胞検査をしてみませんか？と先生からお話しを受け、もちろんお願いしました。

結果は乳がんステージ1。しこりもなんの違和感もなく、この健診を受けていなかったら、先生がそこで立ち止まってくれなかったら、おそらく気づかなかったレベルだと思います。初めて【死】がよぎり、「しっかりと治して生きたい」そう強く思いました。ステージ1でも広がり方やリスクを極力なくすということで、全摘出。人生初めての手術でした。コロナ禍初期で面会もできず、入院、手術のタイミングで開園が重なり、主人は北海道に出張。重なる時は重なるものですね。子どもたちは友人や職員が見てくれ、病院に着替えなども友人が届けてくれました。みんなから頑張れ！のメッセージカードも届けられ、辛さも寂しさもみんなの愛に支えられながら乗り越えられました。

今思えばここで助けてくれた友人たちは、みんなラブクローバーのお客様で、子どもを通して仲良くなり、今でも家族ぐるみの付き合いが続いています。素敵なご縁に感謝です。同じくお客様だった西山茉希ちゃんとは、自分たちもワクワクできることを一緒に叶えたいねと話している中で、彼女の絵が大好きだったことからラブクローバーのロゴマークを作成してもらったり、２０２２年にはラブクローバーのほいくえん江別の壁に大きな絵を描いてもらいました。園児も保護者もみんなも喜んでくれ、夢が叶えられた嬉しい時間でした。またみんなが楽しめる何かを企画し、発信していきたいと考えています。

家族や職員、仲間がいなければこんなに楽しいことも共有できなかったし、大変なことも乗り越えられなかったと思います。みんなに本当に感謝しています。いくつになっても感謝の気持ちを忘れず、謙虚に生きていきたいと思います。

乗り越えられない壁はない

母を亡くした時、一人で生きていけるのかな？　と涙し、娘を亡くした時には、この世にこんなに胸をえぐる辛いことがあるんだと知り、これ以上きついことはもうないと思って生きていますが、それでも経験したことのない出来事に出会います。その度にどうしたらいいのか悩み、苦しみながらも踏み出しますが、神様は意地悪だなぁ、まだ課題を与えてくるの？と心で呟いています。主人と話すのは、「乗り越えられない壁はやってこない」とするなら、「この壁はきっと乗り換えられるね」とポジティブにとらえるようにしています。

母を亡くして、1人で生きていた頃、まわりの方々に優しくしてもらい、支えられ、そこに甘えてしまい、頑張ることができていない自分がいました。何をやっても中途半端で、母になってもしっかりと子育てもできていない、やりたいことも見つからない、ワクワクすることに出会わない、そんな何年間かを過ごしていました。

昼も夜も働いていた頃、夜の子どもの預け先が少なく、安心して預けられる場所を作りたいなと心で小さく感じたことを思い出し、はじめたシッター業でしたが、まさか100人を超える人を雇うようになるとは思いもしませんでした。きっかけは探しても見つからないかもしれません。出会い頭のアクシデントのような事から始まるのかもしれません。

いろんな職員がいますが、頑張っていない職員を見つけると、昔の自分を見ているようで、「まだ本気出していないんだね〜」と突っ込んじゃいます（笑）。心のある子って、きっかけがなかったり、不器用なだけで、同じ職場のみんなは大変かもしれませんが、心が備わっていれば周りの接し方や、時間の問題で変われる気がします。そして、大変なことやびっくりするようなことを乗り越える度、とてつもなく逞しくなれる気がします。

いろんな経験をして感じるのは、どうあがいても、どうにもならないことが世の中にはあって、泣いていても、笑っていても結果が同じなのであれば、笑っていたほうが幸せだなと思うんです。家族も職員も友人も笑っている自分のほうがきっと好きでいてもらえるんじゃないかなと。だから我が子にも、ラブクローバーの職員にも、みなさんにも、できないこと、不満なことを人のせいにしないで、まず自分でやってみてもらいたい。人のせいにしているうちは、きっと何も変わりません。不満を言っている時の顔、鏡で見てみてください。おそろしいことになっていますよ（笑）。笑顔でいる努力を優先させてください。

子育て環境も変わっていくこれから、現状で満足することなく、よりよい子育てのサポートをいろんな形で携わっていきたいなと考えています。枠にとらわれることなく、愛を持って突拍子もない保育のあり方を築いていきたいと夢見ています。

あなたへのメッセージ

乗り越えられない壁はやってこない。
どんな壁でもきっと乗り換えられる！

富澤志保さんへの
お問合わせはコチラ

予約2か月待ちのビューティーアドバイザー美容師から学ぶ一歩踏み出しやすくなる考え方

株式会社peige 代表取締役
美容室運営

名和里恵

1984年、熊本県八代市生まれ。美容学校卒業後、サロン勤務を経て、2015年1月にフリーランス独立。2年で開業資金を貯めると決め、2017年7月、共同経営で美容室 Peige をオープン。1年後、モイスティーヌアドバイザー資格を取得、モイスティーヌサロンをオープン。さらに腸活ディプロマを取得し、現在は韓国美人のような白くて艶肌になる韓国エステ専門店をオープンし、ビューティーアドバイザー美容師として活動している。

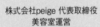

1日のスケジュール

7:00 起床・スキンケア・昼と夜のご飯作り
9:10 Peigeサロンへ出社
19:30 サロン営業終了
19:30 事務作業
21:30 帰宅しお風呂・スキンケア・夕食
22:30 SNS作成・発信
0:00 就寝

行動に移さなかった葛藤の数年間

子どもの頃に描いていた、好奇心旺盛すぎる将来の夢。料理人、警察官、保育士、美容師、レスキュー隊、体操選手……これだけたくさんの夢を持っていたなんて、私はどんな子どもだったのだろうと今では思います。

さて、その中で残った2つが、第1候補「レスキュー隊」、第2候補「美容師」でした。両親に相談すると、今まで好きなようにさせてくれたにもかかわらず、「考えてみたら？」と初めて反対されました。また、同時期にレスキュー隊の想像以上のトレーニング姿をテレビで見て、諦めたのを今でも鮮明に覚えています。その結果、美容師の道を選びました。

美容師人生がスタートしてからの毎日は、朝、夜と練習の日々。そんななか、髪を切ること＝その人の人生を預かるレベルの仕事なのだと感じた出来事があり、責任という恐怖から美容師を辞めたいと思ったことがありました。「美容師が嫌です」とオーナーに話した結果、1か月間休業することになりました。何も考えたくなくて、とにかく熊本を出たくて東京へ行ったものの、現実問題、働かないと給料が出ないので生活できません。1週間千円生活が当たり前だったのに、よく東京に行ったなと今では笑い話になっています。

友人が数人働いていたクラブで働くことにしたのですが、これは当時の私にとってはもっと無理なことでした。1か月後、職場に戻り、美容師を再開しました。

振り返ってみれば、私は環境に恵まれていたのです。そのことに気づかなかった自分の身勝手さ、自由さに驚きます。離れてみないと分からないこと、経験しないと分からないことがあると身をもって知りました。「美容師が嫌です」の一言から、私の人生は大きく変わりました。それから美容師を辞めたいと思うことは一度もなく、2年目でスタイリストデビューを果たしました。


美容師としては順調だったものの、同じ繰り返しの日々を物足りなく感じながら、ただ時間だけが過ぎていきました。この頃から自分のサロンを持ちたいとぼんやり思い始めていたのですが、気づけば5年が経過……。貯金もない。両親を旅行に連れて行ってあげられない。自分のサロンはいつ出すの？　毎年1年が終わる時に「今年も何もできなかった」その言葉だけがずっと残って、また1年が始まる……。その繰り返しでした。

そんななかで、地元の同級生が映画監督になったと友人から聞きました。同じ年齢で同じ時間を与えられているのに、何でこんなにも差が出るのだろう。時間の使い方が駄目だと思いました。同じ時間を与えられているから平等なはず。夢＝ただの願い事でしかなかったと気付きました。夢を語るのは誰にでもできる。ただ行動に移すか移さないかだけ。人間は興味があることには優先的に時間を使うし、作る。興味がないことには時間がなくて、できなかったと言う。時間は作るもので、余裕がないのは自分のせい。全部自分自身の問題だと背中を押された瞬間でした。

また、そのタイミングで、フリーランスの美容師になったという後輩が髪を切りに来てくれました。彼は場所をレンタルし、個人事業主として自分の時間を自由に使って仕事ができることを教えてくれました。これなら今の私にもできる！

すべてのタイミングが重なり、やっと動きだしました。正直、ここに来るまでに4つのサロンを経験しました。それぞれが違うサロンだったからこそ、今の自分がいます。学ぶため、感じるために必要な時間だったのだと思います。きっとみんな、そんな時間を与えられていると思うので、学んで、感じて、きちんと目標を立てて過ごしてみてください。

何かを理由に、できなかったと言うのではなく、できるための行動を考えることが大事だと思います。何か一つでもいい。行動したその後に、何であの時もっと早く行動しなかったのだろうと後悔が残らないように。自分が選択したことで人生は成り立つと思うので、明日の為にも未来の為にも、限られた時間を目的を持って行動していきたいですね。

不運続きから得た大切なこと

当時、フリーランス美容師の認知度は、ほぼゼロ。美容師の友人に話してみると、正直心配されました。周りがしていないことをする時って、不安に感じる人がほとんどだと思います。でも私は、それ以上にスタートラインに立てる楽しみのほうが大きかったです。

2年間で開業資金を貯めるために、先にフリーランスとして独立すると決めました。もしお客様が来なかったらバイトしようと少しだけ考えましたが、スタートすると、そんな不安を感じることのないくらいにお客様に来ていただけました。「独立おめでとうございます」お客様からのお祝いのお言葉。実はすごく複雑な気持ちだったのを今でも覚えています。まだ自分でサロンを開業したわけではなかったので……。

すごくいい会社で守られている部分もあり、甘えた環境でしかなかったし、独立は自分でお金を貯めるか、借金してサロンを1から作り上げていくというイメージが強かったので、モヤモヤしている自分がずっといました。さらに、フリーランスになって時間の自由を手に入れたのに、イメージしていた自由とは違っていました。自由だからこそ、不安を感じるようになったのです。お客様を相手にする仕事なので、もし自分に何かあった時に、お客様に対しての美容師としての責任を考えると、不安しかなかった。一人より二人、二人より三人。この言葉の重みを知りました。

フリーランスになった2年後、フリーランス仲間でもあり、前職も同じ先輩と共同でサロンを出すことになりました。当時30歳。結婚するのが当たり前な世間一般的な年齢です。適齢期になったら結婚、結婚したら出産。一人目産んだら二人目。人が思う当たり前のレールの人生があって、そこから少しはみ出したら何か言われる。何でみんなと同じレールに従って生きなきゃいけないのだろうと何度も思いました。今なら何も感じませんが、当時はすごく嫌だったのを覚えています。

一人より二人で出したほうが、それぞれの個性を活かしながら、もっと大きなサロンを作れる。何かあった時にも、お客様に安心してもらえると感じた私は、共同経営の道を選びました。共に1500万の借金をして、2017年7月、念願のサロンをオープン。

正直、オープンまでに本当にいろいろなことがありました。サロン準備中に内装業者に逃げられ音信不通になったり、勢いよくオープンして1年経たない時に、弁護士から手紙が届いたり。それは商標登録についての内容で、運よくその手紙が届いた日に商標などに詳しいお仕事をされているお客様のご予約があり、すぐ対応してくれて事なきを得ました。

運がいいのか悪いのか…。普通では経験しないことを経験できたので、今では感謝だと思えます。

「百聞は一見に如かず」という言葉がありますが、百回見たり考えたりするより一度自分で行動したほうがいいし、自分の頭で考えるほうが価値があると思います。自分自身が経験したことは、どんなことでも強みになるので大事にしたほうがいい。それ以上に経験した人の言葉の重みは、本当に芯があって深いと思います。

経験値を上げると必ずできることが増えるし、次のステージに進むことができます。そして、経験を元に未来を選択できる幅が増えると思います。辛いことや頑張ったこと、それらを乗り越えた時、人は必ず強くなれるし、そういった出来事はずっと記憶に残ります。あの時乗り越えた経験があるから、今の自分が存在するのです。あの出来事があったおかげで、たくさんの学びをもらえました。

行動して経験値を増やすことも大事ですが、周りの人のおかげでもあることを忘れてはいけません。やっぱり一人より二人、二人より三人です。共同経営する時に話していたことと「人の為に行動するサロンでいよう」と強く感じた経験でした。

不安があるかもしれませんが、経験値は自分の想像を超えるほどの財産になるので、一歩踏み出して行動してほしいと強く思います。

失敗は、捉え方を変えれば財産になる

人は誰でも時に孤独を感じるし、勢いよく行動できる時と、なぜか弱くなってしまう時があると思います。「これでいいのかな？」誰もが感じることです。時には失敗したなと感じることもあると思います。経験と捉えたら頑張ろうとなるし、失敗と捉えたら諦める人もいれば、「失敗は成功のもと」とあるように、最終的に成功に導ける人もいると思います。失敗したと捉えるか、経験と捉えるかで全然違ってきます。

考え方の違いだから、考え方を変えることは難しい。そして、人の数だけ考え方があるので、すべて正解で、すべて違っているのです。それを前提に自分がどうありたいのかを考えた時に、自分にとっての正解の答えが必ず見つかると思います。

私は昔から好奇心旺盛で、興味のあることだけに関してはイメージトレーニングが上手だったのか、やってみたら全部できました。その中でもずっと継続してやってきたのがバスケットとバイオリンです。できないことは悔しくて、ずっと練習し続けてきました。やった分だけ返ってくるというか、達成するまでの当たり前の過程だと思って、やり続けてきたからこそできるようになって、たくさんの経験を手に入れることができました。

失敗があるから行動して成功するし、成功したいから行動する。すべて経験という財産になるから、失敗したとしても成功したとしても、経験することで人は成長していくのだと思います。

昔、憧れの人に対して羨ましいと思っていた時がありました。自分が動けていなかったので、その感情が大きく出ていたのだと思います。そんななか、今まであった出来事や想いをお話しされることがあって、すべての見方が一瞬で変わりました。

成功している人ほど苦しみや孤独、もちろん喜びも、いろんな感情で溢れています。いろんな葛藤や経験があっての成功だと思いました。やっぱり経験に勝るものはないし、感じ方や喜びや痛みも悲しみもすべて人それぞれ違うから、そこに立たなければ分からないことばかりなのです。

実際に起きてもいないのに妄想して、ずっと考えてしまう人もいると思います。もちろん必要最低限考えるのは大事なことかもしれません。でも、考えすぎると行動できないし、行動しないと何も始まりません。何年経っても後悔しかないし、ただの願い事で終わってしまうと思います。行動できなかったら、その選んだ人生を精一杯楽しんだほうがいいし、行動するのであれば、「できない」を「できる」に一つ一つ変えていくことが大切です。

どうしてもできないことを何かのせいにしてしまいがちです。環境のせいでもなく、誰のせいでもなく、自分自身のせいだということは、本当は気付いていると思います。

行動だけしても、責任のない行動（仕事）では成長はないと思うし、自分の考えや行動を変えない限り、仕事を変えても環境を変えても付き合う人を変えても、また同じ問題は必ず起こります。そして、経験していくなかで、しっかりと感じていくことが大事です。何も感じない、考えないは、中身が薄くて記憶にも残らないと思います。

自分自身の思考が自分の人生を作る。それならば、経営者になった私は自身の考え方ひとつで、従業員の幸せ・不幸せを左右してしまう立場になった、ということが言えます。余計にもっと経験したいと思うし、もっと学ばないといけないと深く感じます。


従業員に仕事を増やしてしまうと思うと、頼るということができなくて、自分で動いていた時期がありました。でもそれでは駄目だということに気付かされました。人に頼ることが大事なことは頭では分かっている。でも、それ以上に頑張らなきゃと思ってしまうからやってしまう。そして限界を超えて、大泣きする時がありました。自業自得ですね。

そんな時に見せてくれる周りの大切な人や従業員、お客様の笑顔で何度救われてきたか……。やっぱり一人より二人、二人より三人なんですよね。

経験したから失敗して、改善して、成功して、また行動して、見えてきたものが本当にたくさんありました。20代で独立したいと思ったあの日から、今ではちょっとは成長したのかな？そう思うと、次は人生を逆算して考えるようになりました。

自分が死を迎える時に何かを残したい。良くも悪くも出逢ってよかったと思われる人間でありたいと思ったのです。そして、この世に生まれてきた使命感というものが、たくさんの出来事や、たくさんの人のおかげで何なのかが分かりました。そこからブレると、必ず気づかせてくれる出来事が起きるのです。

人生は一度きりだし、誰もが必ず死をむかえる時がきます。だから今をもっと真剣に生きたいし、過ごしたい。その先の未来に繋ぎたいと思うと、やらなきゃいけないことがたくさん見えてきます。

何かを始める時。周りの目を気にしてしまう時もあるかもしれません。でも一つの事を継続していけば、世間の見る目は後から必ず変わってくると思います。だから失敗を恐れず、周りの目を気にせずに挑戦してほしいです。年齢は関係ないですし、遅いも早いもありません。今と思うそのタイミングで行動してみてください。

失敗と思うのか、失敗ではなく経験と思うのか。自分の思考次第で、未来は変わってくると思います。

人生を逆算したら見えてくるモノ

願望を持っていただけで、何かと理由をつけては行動できませんでした。当時のことを振り返ると、もっと早く行動しておけば良かったと正直今でも思います。でもきっとそのタイミングだったから、たくさんの人にいろんなことを教えてもらい、感じさせてもらえて今の自分がいるのだと思います。どんな道を選択したとしても、選択した道をこれでよかったと思うことが大事ですし、継続することが何よりも大事です。

そして、時間だけは平等に与えられています。時間の使い方で、1年後すごく差が出てしまいます。その1年を取り戻すには、倍以上頑張らないと追いつかないと思います。

私はPeige（美容室）をオープンして1年後、モイスティーヌという美しい素肌へと導くアドバイザーの資格を取得し、美容室と別にサロンをスタートさせました。さらに腸活ディプロマを取得し、ヘアだけではなく、内面からすべて綺麗にすることをお客様に提案するビューティーアドバイザー美容師になりました。

女性が輝くと自信に繋がって余裕ができます。そうすると男性も嬉しくて、輝くと思うのです。その連鎖のお手伝いがしたいと思いました。

当時、どんなに時間を工夫しても、毎日やる事がありすぎて、とにかく忙しい日々。営業後の社長業など、正直よく身体を壊さなかったなと思うくらいの仕事量でした。でも、その甲斐あって、今では予約は2か月待ちになるくらいお客様に来ていただいています。

きっと自分のキャパ内で頑張っていたと思います。でも周りと比べて、まだまだ頑張れていないと思っていたので、認めたい自分とそうではない自分がいました。「頑張ってるね」ではなく、「頑張ったね」の言葉で必ず泣いていました。おまけに、皆に「頑張っている姿を見せなきゃ！」そう思っていました。でも間違いに気付いたのです。

一番大切な人たちなのに、一番気を遣わせてしまっていたのです。それからは時間がないと言わないようにしました。そうすると自分自身にちょっとだけ余裕ができたのです。気付かせてくれて、頼れる仲間がいることで、ちょっとずつ「この人たちが幸せになるためのサポート役に回ろう」と思ったら、考える視点が変わってきました。自分の思考次第で同じようにしているはずの仕事量が少なく感じるようになったのです。経験一つ一つをしっかり感じて、向き合うことでそうなれたのです。そう、慣れてきたのです。

人生は一度きり。明日が来る保証は誰にもありません。毎日が新たな始まりであって、時間は待ってくれないから今日という大切な時間を思いっきり使いたい。大切な人に感謝の言葉と笑顔を見せていきたい。逢いたい人には時間を作って逢うべきだし、行きたい場所には必ず時間を作っていくべきだと思います。

そして、自分一人では限界があるので、一人で頑張らなくていいけれど、自分の可能性を信じて行動してほしいです。自分の為ではなく、人の笑顔の為に行動すると一周回って自分の為になると思います。でも人には期待しないでください。人の印象は自分が勝手に作り上げているので、いろんな見方や考え方があるということも知っておいてください。そうやって人と人が共存しているのだと思います。

人間にやれないことはないと思います。神様がそれぞれ皆に与えている試練だと思うのです。皆で頑張った先にあるのは、自分を含めた人の笑顔。こんな風に感じられるようになったのは、たくさんの経験と出逢えたすべての人たちのおかげです。

今、限られた時間、与えられている環境の中で、しっかり目標・目的を持って行動して、仕事もプライベートも自分でしっかり時間を作りながら行動しましょう。私自身もたくさんの人に影響を与えられる人になるために、もっと経験して反省して、たくさん感じていきたいと思っています。幸せの基準は自分にしか分かりません。だから周りの目を気にせず、たくさん行動して、現世での経験をさらに未来に繋げて、来世でもまた逢いたい人と逢えるように、今をしっかり生きたいし、人の役に立てるように行動していきたいです。

あなたへのメッセージ

年齢は関係ないですし、
遅いも早いもありません。
今と思うそのタイミングで
行動してみてください。
失敗と思うのか、
失敗ではなく経験と思うのか。
自分の思考次第で、
未来は変わります。

名和里恵さんへの
お問合わせはコチラ

人生どん底マインドギャル看護師からたった一年で人生を好転させたシンデレラストーリー

株式会社lideal 取締役
美容サロン／保険外看護サービス

西田有美

1991年、滋賀県生まれ。看護学校を卒業後、総合病院に約10年間従事する。祖父の病気をきっかけに、2021年3月に滋賀県初の独立保険外看護サービスを設立。2022年1月にニキビ・毛穴・アンチエイジングに特化したサロン realliciant ―リアリシア―をオープン。3月に法人設立。現在は、フェムテック事業の講師や健康相談のオンラインサロン、自社ブランドでのスキンケア商品の開発などの事業も行っている。Beauty Japan 近江大会2022にて総合 MVP を受賞。

1日のスケジュール

10:00 サロン施術
12:00 オンラインカウンセリング
13:00 オンラインミーティング（フェムテック事業）
14:00 サロン施術
15:00 面談
16:00 サロン施術
19:00 ミーティング（コンサル事業）
20:00 デザイン・SNS編集
21:00 オンラインセミナー
22:00 サロン施術
23:00 オンラインミーティング（イベント事業）
24:00 面談
1:00 ミーティング（フェムテック事業）
2:00 デザイン・SNS編集
4:00 就寝

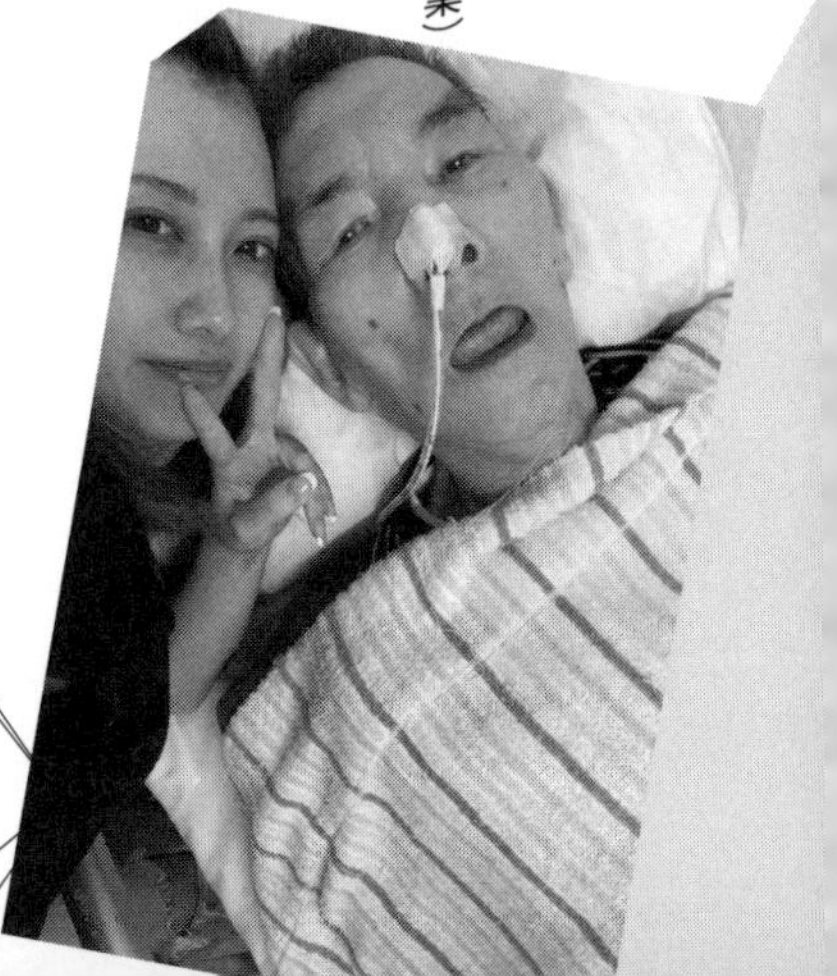

ゆうちゃんとおじいちゃんの話

これは幼い頃から一番私を可愛がってくれた祖父の話です。なぜあえてここで祖父の話をするかというと、私を一番愛してくれた人だからです。祖父にとって「可愛い」「目に入れても痛くない」という言葉は、私のためにあるのではないかと思えるほどでした。

仕事が忙しい父親に代わり、父親の役割をしてくれた祖父は、出先で「今日もお父さんと一緒？」と聞かれることをとても嬉しそうにしていました。運動会の玉入れも奉仕作業も父親参観でも凧揚げも、若いお父さんに混ざって来てくれた祖父。ずっと一緒に居られることが嬉しかったことをとても覚えています。

私が小学校高学年の時でした。家族で出掛けている時に、救急車で祖父が搬送されたと連絡がありました。急いで病院に向かったものの、もしかしたら助からないかもしれないということを父から聞かされました。3連休の中日で、明日はとんかつを食べに行こうと約束をしていたのに……。それから何時間後かに手術室から出てきて一言。「じいちゃん元気やねんけど、明日のとんかつはあかんなぁ。ごめんなぁ」と笑っていました。

そんなことはどうでもいい。助かってくれたことが嬉しくて、それからほぼ毎日病院に行きました。一緒に食事をしたり、リハビリのために屋上の洗濯場に一緒に行くことが楽しかったことを覚えています。

ほとんど毎日病院にいるので、看護師とも顔見知りになりました。「ゆうちゃん大きくなったら看護師になりなよ！」「十年後、待ってるわ！」そんなことを何度か言われたりして。当時、妹が看護師になると言っていたので、私は祖母の跡を継いで美容師になりたいと思っていました。なんとなく看護師もいいなぁと思うようになりましたが、どちらかというと美容師のほうが華やかな感じがしていたので、将来の夢は【美容師】と書いていました。

高校卒業にあたり、進路を決める時期のことでした。周りの友人はほとんどが大学進学。当時就職難と言われていたり、大卒者のほうが優遇されるという話があったので、専門職より大学のほうがいいのか……と悩みました。悩めば悩むほど自分のしたいことがわからなくなり、この時に一番色濃く出てきたのは、なぜか祖父の入院していた時の看護師の言葉でした。私が看護師!?　という感じでしたが、パッと出てきた直感を信じようと、今まで一度も口にしなかった「看護師」の道へ進むことを決めました。

身内は、私が絶対に美容師になると思っていたので、びっくりしていましたが、人生を直感で生きている私は、ここに迷いはありませんでした。

ゆうちゃん、暗黒時代の幕開けの話

看護学校は思ったよりもハードな世界で、特に3年生は1年の大半を看護学実習に費やします。国家試験が終わり、看護学校を卒業し、2013年、看護師国家資格に合格。しかし、ここからが波乱な人生の幕開けでした。

まず、看護師になったと同時に妊娠していることがわかりました。新社会人でこれから働くぞと思っていた矢先の出来事。このことを一番初めに伝えたのは母でした。怒られることを覚悟していたのに、母から返ってきたのは「頑張りなさい。そして責任の取れないことはしないこと」という言葉でした。

今目の前にある命を育てることは私にしかできないこと。看護師の仕事は何年後でもできる。そう思い、どちらかではなく、どちらも選ぶという選択をしました。

ありがたいことに当時の職場は、新卒×妊婦の私でも働きやすい環境でした。しかし、慣れない環境であることに加え、身体の負担やパートナーとの関係の悪化で、身体はどんどんストレス過多に。意味もなく泣けてくる。でも仕事に行かないといけない。家に帰らないといけない。胎動が激しくて寝られなくても朝は来る。居場所がなくて、出掛けたくてもこの先どれだけかかるかわからないお金を使うことが怖い。相談したい人に相談できない。こうした結果が、切迫早産に繋がってしまったのです。

人に怒られることが嫌で、顔色を伺う。言いたいことが言えない。したいことができない。自分が我慢すれば事が済むのであれば我慢したらいい。そんな悲観的な考え方。自分よりも相手の機嫌を伺うこと、相手に良く思われたいという気持ちしか当時の私にはありませんでした。

身体は限界。身体というよりはお腹の子どもが限界だということを教えてくれたのかもしれません。もしかしたら産んだら変わってくれるかもしれない…という期待は儚く、喜びであるはずの出産ですら、辛く悲しいものでした。

しかし、こうして人は強くなっていくのだと感じた瞬間でもありました。そして長男が産まれて間もなくして、私はシングルマザーの道を選択しました。

長男が産まれて、1年の育休。よくわかっていなかったので、そういうものか、と思っていました。毎日子どもと過ごす。特に変わり映えしない。周りの友人は遊びに行ったり、仕事をバリバリとこなしているように見える。自分だけ取り残された気分になり、そこから他者と距離を置くようになりました。それが自分のストレスになっていたこともわかっていたけど、とにかく自分でしないといけない、子どもを育てないといけないということに必死。感情なんてなく、一人になれるお風呂の時間には、気づけば涙が流れている状態。そして、ストレスがピークに達した時、可愛いはずの子どもが可愛いと思えなくて、泣いている子どもと一緒に泣き、発した「もう嫌や」という言葉。「ママがするから、あんたは外で仕事してきたらいい。できひんことしようとするからそうなるねん。得意な人が得意なことしたらええ」その母の言葉に助けられ、私は生後10か月の長男を預けて、仕事復帰することを決めました。

看護師として復帰し、少しずつ本来の自分が取り戻せてきた時、私は内科病棟に配属されました。内科病棟は、入院経過が少し長く、検査がない日は患者様とも落ち着いて話をすることができます。けれど、「今度孫が結婚するのよ」「来週東京から娘がお見舞いに来てくれるの」とても嬉しそうにお話してくれても、突然別れが来ることだってあります。「また明日ね！」「連休楽しんできてね！」と言われてももう会えないかもしれないことだってあります。そんな人を何度も見てきました。「お大事に」と手を振って見送る人もいれば、悲しい気持ちで見送らないといけない人もいます。常に死と隣り合わせの環境。これが私の日常でした。

２０１７年の11月、夜勤前に母から着信がありました。「じぃちゃん倒れたって！　今から家行って！」自宅から歩いて5分ほどの距離にある祖父の自宅に向かうまでに、救急車のサイレンが聞こえてきました。自宅で倒れていた祖父は幸い意識があり、「動かへんようになった！　助けてくれ！　救急車呼んでくれ！」と言っていました。

でも何か違和感がある…呂律が回っていない、焦点が合わない、指示動作ができない。これは脳に何らかの異常があることはすぐにわかりました。あの時の様子は今でもハッキリと覚えています。それが祖父とのハッキリとした最後の会話でした。

主治医からは脳のダメージが相当ひどいこと、広範囲まで梗塞しており、意識の改善が難しいかもしれないこと、半身麻痺の可能性がかなり高いことが告げられました。

翌日、緊急オペをし、祖父は3日間意識がなく過ごしました。（実はこの日、長男の七五三をする予定だったんです）主治医は「おじいちゃんが会いたがっているから見に行ってあげてね」「今日からリハビリするね。時間合わそうか？」など、とても親身になって祖父の治療に当たってくれました。

ある日の面会のこと。「結婚式今週か？」と少し意識の戻った祖父から質問がありました。妹の結婚式が翌年3月にあり、祖父も参列する予定でした。「まだやで」と伝えると、「スーツどうなってるや？　〇〇に頼んであるんや」と。その会話から妹の結婚式に行くために祖父がスーツを新調していたことを知りました。

後日行われた祖父の今後の方向性についての話し合い。主治医から「まずは何を目標にしてリハビリをしますか?」と質問され、私は迷わず「妹の結婚式に参列させたい」と伝えました。現実的ではないことはわかっていました。でも楽しみにしている祖父をもう一度笑顔にさせたい、そして外の世界を見せたい、私の一方的な思いかもしれないけど実現させたい…そんな思いを伝えました。同業の父も状況はわかっていましたが、「何とかなりませんか?」と頼んでくれました。どうなるかはわからないけど、やってみることに意味がある。こうしてここから祖父のリハビリが始まりました。

妹の結婚式が近づいていくなかで、祖父は長時間の車椅子乗車ができるようにまで回復しました。そんな中で、同時期に祖父と同じような疾患の患者を担当しました。この方もまた孫の結婚式を楽しみにしておられました。「目に入れても痛くない可愛い孫なんや」毎日飾ってある写真を見ては、何度もおっしゃっていました。

ある日の朝、出勤するとその患者の名前がありませんでした。「○○さん、昨日夜に急変して。CPA（心肺停止）って。結婚式やったのに残念ね。」と言う先輩看護師。昨日まで元気だったのに…あんなに楽しみにしていたのに…泣き崩れていた孫の話…今の祖父の姿と重なりました。私は看護師で祖父の「したい」を叶えることができる。でも、もう一方の家族には悲しみや後悔が残ってしまった。看護師の無力さを感じました。

こんな方たちを笑顔にできるサービスはあるのだろうか。マニュアル通りでしかない現場を変えられるサービスはあるのだろうか。そんな思いから、調べたどり着いたのが【保険外看護サービス】でした。

自費にはなりますが、利用される方の思いを叶えることができます。「これだ！」と思い、まずは滋賀県でやっている人がいるのかを調べましたが、ヒットしません。看護協会に問い合わせてみると、独立して保険外看護サービスをしている事業所はまだないと言われました。その理由は【マニュアルがないのでリスクが大きいと感じる人が多い】と言うことでした。

困っている人がいるならリスクを背負ってでもやってみる！　誰もやっていないことなのであれば、よりやってみたい！という思いから、２０２１年３月に滋賀県初の独立保険外看護サービスの運営を始めました。

ゆうちゃんと新しい出会いの話

保険外看護サービスを立ち上げて数週間が経ちました。その矢先、あのウイルスが爆発的に大流行しました。医療体制も整わない中、不要不急の外出の禁止や面会禁止、もちろん保険外看護サービスも契約中断が相次ぎました。

よくわからないまま数か月が過ぎましたが、世の中の動きはこの数か月変わりません。

私にとって仕事を楽しくできるモチベーションは「美容」。月に1回の美容室やマツエク・ネイルは自分の機嫌をとる最高のアイテム。そんな女性はたくさんいると思います。

しかし、不要不急の外出の禁止で「美容」にかける時間は極端に減りました。するとどんどんモチベーションは低下。周りにいる人たちもなんとなくそんな感じがしました。モチベーションが下がれば、やる気も低下する。誰に見られる訳でもないし、誰かに会う訳でもない。マスクで隠せばいい。そんな気持ちやストレスから肌荒れはどんどんひどくなり、体重もどんどん増加。思考もどんどん悲観的、否定的になりました。

周りだってそう。次第に人間関係が悪くなり、有る事無い事を発言する人もいました。隔離、感染予防、犯人探しのような毎日。一歩外に出れば周りから批判され、楽しいことなんか何もない毎日。

自分のしたいことって？　私は自分も満たされたうえで人にもGIVEできる人でありたい。でも今の環境ではそれは不可能。だったらこの環境を変えるしかない。でもどうしたらいいのかわからない…本当に自分のしたいことは何？　支配された組織で働くことが自分のしたいことか？　私は自己実現のための道を作りたいし、もっと自由な考え方で自分自身が心から楽しい！　嬉しい！　と感じることを生涯の仕事にしたい！　考えて考えて行動するよりも、直感で行動するほうが自分的にはうまくいく！

その直感から、その年の年末に約10年続けた病棟看護師の仕事を辞め、2022年1月。病院を辞めてわずか10日後に、美容サロンの開業と会社設立をしました。転職先がサロンの経営だなんて1ミリも思っていなかったので、私の人生は本当にわからないなと思いました（笑）。

サロンのコンセプトは私の強みである、医療色を出したものがいいと「医療×美容」を融合させたサロンに。ニキビ一つで気分が下がり、肌ツヤ一つで気分が上がる美容は女性にとって最高の魔法。皮膚科・クリニックに行きたかったけど受診時間に間に合わなかった、待ち時間が長いといった苦痛を解消できるように24時間対応することにこだわりました。

私の「したい」「やりたい」を叶えられているのは、時に注意しながらも、一緒に喜び、良い方向に進めるように考えてくれるパートナーがいるから。負の世界にいて、いつ死んでもいい。楽しいことなんかなくて、ただ毎日、子どもたちのために生きていたらそれでいい。自分は何のために生きているのか？　そんなスーパーマイナス思考だった私を「最高！」と認めてくれて、「一緒にやろう」と引き上げてくれた彼は、いつかの祖父と重なるものがありました。

今は毎日が楽しくて幸せ。今日死んでも後悔のない生き方をしよう。そう思えたのは、人の出会いと今ある環境です。

ゆうちゃんのこれからの話

私は子育てが苦手です。なので、一般的な母親のようなことを二人の子たちにほとんどしてきませんでした。だから二人にとって母親がこうあるべきという概念はないです。「ママって家にいないよね！　いつもお仕事してるよね！」がうちの子達の当たり前なんです。よく母親らしくないよね。ママしているの？と聞かれます。NOで返すと、子どもたちが可哀想と言われることもあります。でも、私は二人を可哀想な子たちと思ったことは一度もないです。可哀想と思ったら、こんな環境をまずは自分自身が作らないからです。自分の作った環境のせいで子どもたちが可哀想って無責任すぎませんか？

でも、自分の中で2つだけ絶対に守ると決めたことがあります。それは学校行事に参加することと、誕生日をお祝いすることです。普通の母親にとって当たり前のことかもしれません。そんなこと普通でしょ？と思われるかもしれません。でも普通の母親ではないので、これだけは絶対すると決めたルールなのです。

シングルマザーって負に捉えられがち。自分のしたいことを犠牲にしている人が多いですよね。私はどちらかではなく、どちらも手に入れたい人なので、手に入れられるように努力します。どうせそうだよね、って言われたくないので、20代でマイホームを購入し、高級車を買い、子どもたちがしたいことを十分にできる環境を作りました。

何でもうまくいくからいいよねってことはありえないです。学生の時からテスト勉強していないって言いながら、当日朝まで勉強するタイプでした。やってないって言いながら陰でコソコソ練習するタイプ。人に努力していることを知られたくないし、それを出したくない偏屈です。

味方なんかいない、自分でなんとかしなきゃと強がっていた約30年。でもそれをいいね！と認めてくれる人が私の周りにはたくさんいました。自分が気づいていないだけで、たくさんの人が自分の味方をしてくれ、応援してくれました。認めてくれる人がいる、もっと甘えてもいいんだと思えた時、今まで囲っていたものがクリアになり、自分のしたいことやこれからのビジョンがもっと明確になりました。

私には夢があります。それは二人の子どもたちがママの子どもでよかったと思ってくれること、そして祖父が残りの人生を笑顔で過ごしてくれることです。

そしていつか自分が亡くなった時に『ゆうちゃんって最高じゃん！』って満場一致で思ってもらえるような生き方をすることです。その日が来るまで私は全力で楽しみ生きることを誓います。支えてくれるすべての方へ感謝を込めて…♡

あなたへのメッセージ

任せられた責任と
やると言った責任、
徹底的にやりきれ！

西田有芙さんへの
お問合わせはコチラ

難病を患うも奇跡の復活を遂げ、百貨店の催事出店オファーが殺到するセレクトショップにまでなった人生ストーリー

株式会社LUMOLUKA 代表取締役
アパレル事業

橋本恭代

1968年、京都府京都市生まれ。1993年、結婚を期に大阪府豊中市へ移住。専業主婦として二児を育て、2008年、アパレル業界に就職。2012年離婚。2013年12月、45歳で〝セレクトショップLuLu〟を設立。初めは実店舗のみでの販売だったが老人ホームへの出張販売をきっかけに阪急百貨店でのポップアップストア出店を実現する。2023年3月、株式会社 LUMOLUKA を設立。現在は実店舗を運営しながら、百貨店へ出店中。念願叶って2024年4月にショップチャンネルに出演。

1日のスケジュール

5:00 起床・ペットのお世話・朝食の準備・YouTubeやTVでの情報収集
9:00 出勤準備・SNS発信
10:00 出社
18:00 帰社・ペットのお世話・夕食準備
19:00 家族との団欒
21:00 お客様やスタッフとの連絡・好みのYouTube鑑賞
22:00 お風呂
23:00 就寝

自分の意志を貫く

「余命3か月です」

大阪大学医学部付属病院の藤原先生に言われた時、自分の耳を疑いました。

当時の私は結婚6年目、4歳の息子と1歳の娘の子育て真最中でした。義母が余命3か月の末期がんで入院中。実母も重病で入院しており、小さい子どもがいるのにもかかわらず、義父から、週3日、12時から17時まで車で45分かかる病院の付き添い、週2日は会社の事務のお手伝いを頼まれました。帰りが遅くなる時は保育園やママ友が子どもを預かってくださいました。また週1日は高速で京都まで行き、実母の病院の看護をしており、自分の身体のことを考える暇はありませんでした。

さらに1か月に1回、集金へ行くこともありました、集金に行く朝……そういえば微熱がずっと続いていて顔はアトピーだらけ。身体は瘦せて、やつれていました。夕方には手が震え、普通に立っていられないくらい身体の倦怠感があり、その様子を見て、主人が義父に「今日は行かせられない。1日2日休ませたい」と連絡してくれました。

しかし、主人が会社に行ったあとすぐに連絡があり、大きな怒鳴り声ですぐ義父だと思いました。「こんな大変な時にお前が何言うとるねん！　お前は這ってでも出てこい。前にも言うたけど、お前の人生はもうないねん。早く集金に行ってこい」と怒鳴られ、ふと横を見ると幼稚園の帽子を深くかぶり、耳をふさいで、受話器から漏れた怒鳴り声におびえている息子がいました。ママ友は止めてくれましたが、今回だけは何が何でも集金に行ってくると、息子を幼稚園バスに乗せるようママ友に頼み、心斎橋へ向かいました。集金後、義父にお金を渡しに行くと、私のやつれた姿を見てびっくりしている様子でした。その後、ママ友のところに息子を迎えに行くと、力尽きて倒れてしまいました。迎えにきた主人にママ友が大きな声で叱っている声が記憶に残っています。ママ友には感謝しています。

その翌日、町医者で受診すると、こんなところに来ている場合じゃないと阪大病院へ紹介状を渡されました。

「私、死ぬ気がしないのです……」

すると主治医の先生が、「そうだよね。お子さんまだ小さかったよね。あなたの病名は血小板減少紫斑病と言う病名で、血小板が作られるのが非常に少なく、血管が破れだし、血が止まらなくなる難病です」と言われました。

「どうやったら生きられるのですか？」

「僕には計り知れない、今持っているストレスと疲れていることを投げ出すことができて、あなたの免疫力が高ければ、もしかしたらもう少し生きられるかもしれません」

私は愕然とし、帰り道、主人に電話で初めて泣きながら訴えました。それから主人は義父にお願いし、子育てのみの生活に戻してくれました。

しかし、主人は自分の家庭よりも義父に言われることが最優先だったので、

「10年後もこのままだったら、絶対この病気を治して離婚します」と宣言しました。

私は子育てが大好きだったため、普通の生活に戻ると嘘のように回復していき、主治医の先生も驚いておられました。主人は元旦から一人で実家へ、子どもの運動会も義父の承諾を得ないと来られない等の日々は変わることなく数年続き、離婚を視野に入れて仕事をすることにしました。今から思えば、主人も大変だったと思います。

経験したことのない仕事でしたが、両親の影響からアパレル業を選択しました。両親は私の幼少期に紳士服のオーダーメイドをしておりましたが、既製品の増加が原因でお店が閉店となったことから、両親には就職の際ずっとやりたかったアパレル業を反対されていました。しかし、自分の気持ちを通すことにしました。人の意見を聞くばかりでなく、自分の思いを貫くことが必要だと考えました。

夢を現実に引き寄せる努力と根性

私は専業主婦時代、ＰＴＡ活動を11年間、娘のクラシックバレエの後援会役員を９年務めていましたが、すべてボランティアで行っていたことだったので、社会に出て通用するのか不安がありました。しかし、離婚するなら収入を安定させるためにも仕事に就かなければと心を強く持つことを心掛けました。いざ仕事を始めるとＰＴＡなどの経験が役に立ったことも多く、１つの目標に向かって自身の思いを貫くことの大切さはＰＴＡでもお店の運営においても変わりないと実感しました。

さまざまな経験から、雇われるだけではなく、自分のお店を持つという目標ができました。そこでまずは、紳士服のメーカー直売店の販売員を始め、入社後半年で店長になり、月１００万円から月４００万円の売上に実績をあげるお店に貢献することができました。

その後、梅田店の店長へ昇格のお話をいただいたのですが、子どもが小さいこともありお断りさせていただきました。ところが、まずは行ってみてとのことで、一旦異動を了承しました。売り上げをあげるためのイベントを考える私に対して、梅田店のスタッフたちは、「店長は忙しい思いをさせるのですか？　売れても売れなくてもお給料はもらえるのに、イベントをしてしんどい思いをすることはないです」と言われ、評判の良いスタッフだったので、そんな考え方をしているということに驚きを隠せませんでした。

梅田店ではそれから1年働き、次のステップアップのために、婦人服の小売店へ再就職しました。その面接時、社長から、

「実はこのお店は赤字で閉めようか悩んでいるところだ。君、伸ばせるかい？」

「やってみないとわかりません。でもやってみたいです」

赤字店舗から黒字店舗への戦略を練りました。紳士服のメーカーから婦人服店へと職場が変わり、男性と女性のお客様の接客はまったく違うことを実感しました。

男性は、ネクタイが必要だと思い買いに来られると、欲しいものだけしか見ません。そこでお客様の購入されたいものの説明がきちんとできれば、ご納得されて購入してくださいます。対して女性はスカートを買いたいと来られても、まずはお店をぐるりと周り、スカート以外の商品もご覧になって、スタッフとの会話を楽しんだり、なぜスカートが必要なのか、どこに着て行くために探されているのかと、まったく違うことでお話が盛り上がったりして、服以外のことも楽しみながら購入されます。

そこで、女性顧客様のリサーチをして、お客様の趣味趣向をしっかり覚えて喜んでもらえる接客を目指しました。すると売上がどんどん上がっていったのです。閉めようとして

いたお店にもかかわらず、社長が改装してくださり、息を吹き返しました。

2社合わせて5年程働かせていただいたので、自分のお店を持つことにしました。一緒に組まないかとお誘いしてくださった方もいましたが、何にも縛られたくなかった私は、自由に自分の意志を通せるお店を建てることを選び、一人で店舗を構えることにしました。

自分でお店を建てようと思って初めてわかったことは、今までは大きな会社がバックについていてくださったということです。やってみたいイベントはどんどんさせてくださいましたし、もし失敗しても私に責任がかぶってくることはありませんでした。

でも、個人事業主になった私は、すべてのことを一人で考え、もし失敗したら、すべての尻ぬぐいを自分でしなければいけません。お洋服を仕入れるにしても、たくさんの資金が要り、お客様をお呼びするにも自分で考えたお葉書をつくる必要があります。会社組織の中で働いていた私は守られていたのだなと気が付きました。

お店がオープンして初めの頃、お客様は少なく、いろいろなことを考えてお客様がご来店したくなるお店をつくっていきました。するとお客様が増え、8年で600人を超える顧客様ができ、私のＬＩＮＥでつながっているお客様は250人になりました。

なりたいことが見つかれば、どんなに遠くても口に出して伝えること。そうすれば、自分の耳にも聞こえて、実現しようと頑張れるはずです。

人を知るほうが売りやすい

私は服を売るのではなくて、お客様が欲しいと思われるものを探すお手伝いをさせていただいております。例えばその年、チェックのスカートが流行ったとしても、必要のないお客様はいらないですし、お客様がどちらに行かれるのか、ＴＰＯを考えることが大切です。また、お客様の家族構成、お子様は大きいのか小さいのかなど、自転車・バイク・車などの交通手段、そして介護をされているのかなど、お客様を知ったうえでお洋服のご提案をさせていただいております。

私のお店では知らないお客様同士も仲良くなられ、会話が弾み、お互いに接客するなどしてお店の中での笑いが絶えません。

ずっと夢に見ていた、百貨店の催事出店のお話をいただいた時は、不安とドキドキとプレッシャーなど、いろいろな気持ちが込みあげてきましたが、さらなるチャンスを掴むために悩む時間はありませんでした。いろいろな経験ができるワクワクする気持ちでいっぱいでした。

初めの頃、スタッフはいなくて私一人でした。1週間フル勤務で、お昼も食べずひたすら販売にうち込みました。何よりも嬉しかったのは、実店舗（LuLu）の顧客様が差し入れを持って、「LuLuちゃん頑張ってる?」とご来店くださり、お洋服を買ってくださったことです。今でも感謝しております。

ありがたいことに、百貨店での売り上げはどんどん伸びていきました。新規顧客様を獲得し、お客様によっては、来店したことのない百貨店の支店にも私が出店する場所に来店してくださいます。それが私の何よりも頑張る力になりました。初めは敷居が高いと感じていた百貨店関係の皆様も大変仲良くしてくださり、どの支店へ行くにも楽しくなりました。

私の原点はまずは掃除。実店舗も百貨店に行っても、お掃除をして気の流れを良くして、お客様に見えないところもきちんともてなすことを心がけています。売れない売れないとよく他のお店のオーナー様から相談を受けることがありますが、まずはお洋服を売ることばかりに専念しないで、お店を綺麗に掃除したり、鏡を磨いたり、家具を移動させてみたり、エアコンを掃除したりすることをお勧めしています。悩むより身体を動かしてできることはたくさんあると思います。

百貨店での売り上げが伸び、褒めていただけるようになってきましたが、出店回数が増

える と必然的に一緒に働くスタッフも増え、人間関係で難しいこともありました。周りのお店のスタッフから一番走り回って一番売り上げを上げているスタッフだと思われ、オーナーさんだと気が付かなかったとよく言われます。そのため、さぼったり、いやな思いをさせられたりすることはたくさんありました。

でも私のことをよくわかってくれるスタッフやオーナー仲間、顧客様は「LuLuさんは誰よりも優しいし、よく働く。人に優しく自分に厳しい人だからたくさんの人が集まってくるけど、中にはその優しさに付け込んでくる人がいて時々つらい思いをするよね。でもあなたの味方はたくさんいるよ」と言ってもらえた時、私より周りのほうが私を良く分かってくれていると感じ、心から感謝しました。

お客様が服をご購入されるときは、販売員を気に入ったり、話の内容を瞬時にわかってくれたり、今どのようなお洋服が必要なのかお客様がどこに行かれるために探されているのか。自分が買ったことのないアイテム・カラーを販売員が見つけ出すことでご購入されます。それはお洋服だけでなく、何を販売するのでも同じことだと思います。

未来に向けてＧＯＧＯ！

これからも、私はどんどん自分が思うように進んでいきたいと思います。壁に当たったら、右か左に避けるだけ。怖がらずに進みます。

よく、こんなお店していいね。こんなきれいな仕事でいいねと言われますが、皆様が見えていないところでは努力したり、腰が砕けるほど荷物を運んだり、薄暗い店舗へ搬入したり、売れるかどうかわからない数百万のお洋服を先に仕入れなければいけません。

でも、お客様が喜んでくださるから楽しくお仕事ができます。だから、皆さんも何かしたいと思われたら、少し勇気を持ってください。

長年出たいと思っていたショップチャンネルの面接に２０２３年3月に合格してオンエアーまで色々な事を乗り越えて、やっと２０２４年4月に出ることができました。

２０２３年10周年を迎えることが出来たお祝いに顧客様や関係者の方々80人ほどの方々に来て頂いて盛大に帝国ホテル大阪でパーティーもさせて頂きました。

そして、数年後には老人ホームを建てられるように計画中です。なぜ老人ホームを建てたいかというと、２０１３年にお店をオープンさせた時は、介護の話は出なかったのに、10年たった今では、ご両親が老人ホームに入居されたり、亡くなられたりのお話が多くなってきたからです。次は自分たちの番だねとなり、これからの日本の老人ホームはどうなるのか？　私たちが納得して入れるのか？　お金は大丈夫なのか？というお話を聞いて、今まで長い間、LuLuを支えてくださり、来てくださったお客様への恩返しだと思い、只今いろいろな勉強を始めております。まだ構想中なのにもかかわらず、顧客様の中で、入居希望者が50名の方が入りたいと希望してくださっています。

百貨店の部長から、接客について社員向けのセミナーで話してもらえないかとお話を頂いたことがきっかけになり、セミナー講師のお仕事に興味を持ちました。紹介されたコンサルティング会社の方から、セミナー講師で収入を得るためにはそれなりの学歴や経験が必要でアパレル業のオーナーには難しいのではないかと指摘を受けました。

しかしその後、相談に乗っていただくために直接お会いしたところ、経験に基づいた現実的な話や引き込まれるような話し方を認めてくださり、「あなたならきっとセミナー講師として人気がでます」と言っていただくことができ、セミナー講師としてのデビューが決まりました。初めての経験で不安もありますが、前向きに取り組みたいと思います。

私はお仕事をするにも起業するにも、意外と怖がりで足場をしっかり固めないと飛べない性格です。きちんと勉強して、きちんと経験したうえで納得すると、猛烈ダッシュします。離婚もお店を建てるのも法人にするにもすべてそうでした。

先日、LED女性起業応援プロジェクトの最終ファイナリストのプレゼンを国会議員の奥様に誘っていただき、行って参りました。終わった後で、「どうだった？　あなたの老人ホームに対する思いはなかなかない良い案だと思うので、こういうところでプレゼンができたらいろんな企業がサポートしてくださったり、情報をいただけたりする良い機会だと思う」と声をかけてくださいました。夢を現実にするその手段を皆さんがサポートしてくださり、応援してくださり、本当にありがたいなと実感しました。

以前、一緒にPTAをしていた仲間から言われたことがあります。

「あなたが離婚して、店を持ちたいってみんなの前でお話された時、私はそんなの夢物語。社長夫人の奥様が、結婚して働いたこともないのに何を言ってるの?と思っていたけど、数年で言っていたことをすべて叶えていて、どんどん進んでいくあなたを尊敬するわ」

と言ってもらえた時、その時そんなこと思っていたんだと思う反面、正直に自分の気持ちを言ってくれたことに感謝しました。そして嬉しかったです。これからもっと褒めてもらえるように頑張ります。

初めは誰でも一人です。失敗を恐れ、孤独を感じると一歩踏み出すことが難しくなります。でもまず初めの一歩を踏み出すことの大切さに気付かされました。歩き出さなかったら、私は今頃後悔していたと思います。

成功した人の多くは「まずやってみることの大切さ」を強調されます。私も以前は失敗したらどうしようの考えが強く、この意見について半信半疑でした。しかし、いざ一歩を踏み出してみた後の私の考えは変化しました。準備が完璧にできていなくてもよい、失敗しても失敗から学んでやり直せばいいと思います。

「なんとかなる。まずやってみよう」の言葉の力は、想像以上に自分を後押ししてくれるはずです。今、大きな一歩を踏み出そうか迷っている方、自分の力を信じて是非初めの一歩を踏み出してみてください。

あなたへのメッセージ

まずは初めの一歩を
踏み出すことが大切。
準備が完璧にできていなくてもよい、
失敗しても失敗から学んで
やり直せばいい。

橋本恭代さんへの
お問合わせはコチラ

友人の声かけからエステ業界へ！スタッフ問題で倒産危機にまで陥った状況を救ってくれた娘の存在

株式会社実月 代表取締役
エステサロン運営

haTuki

三重県四日市生まれ。短大を卒業後、一般企業でOLとして働き、22歳で結婚、退職。3人の子どもを出産したのちパートで働き始め、知人の紹介によりエステ業界に入る。エステサロンで働きながら、日本各地の研修、セミナーに参加し、1年後に個人事業主として独立。2年後、株式会社実月として法人設立。その後、不動産部門を取り入れ、現在に至る。

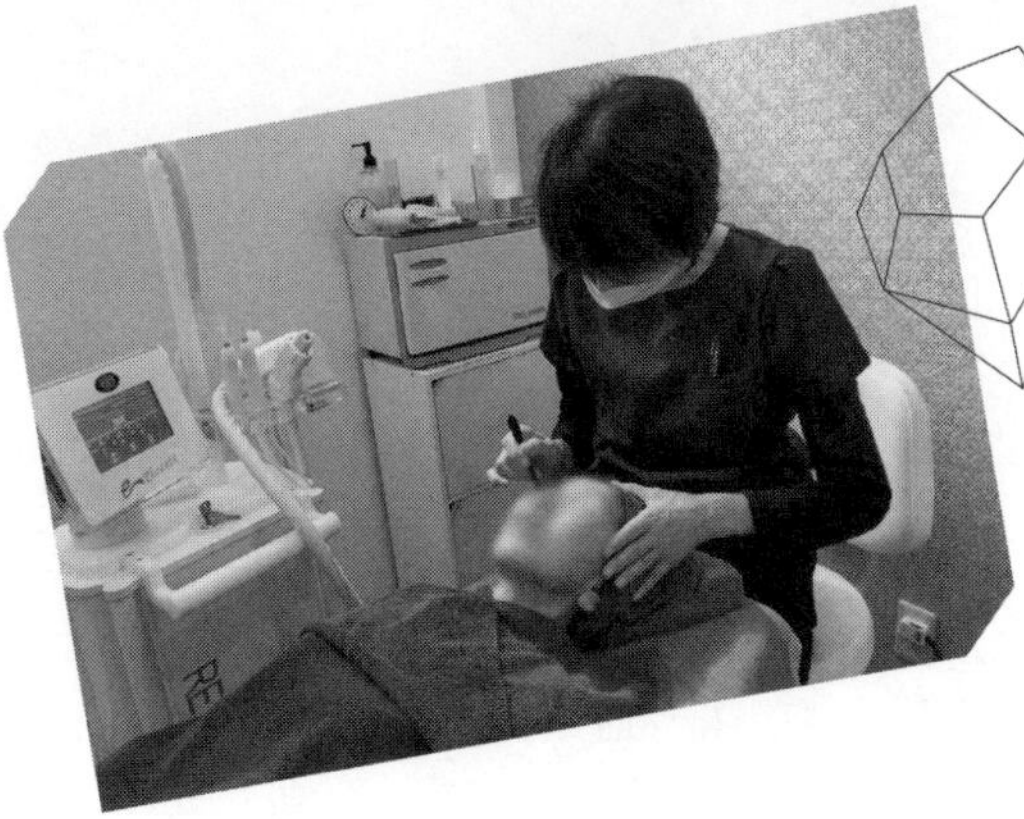

1日のスケジュール

6:00 起床
8:30 出勤
10:00 接客・メーカーや業者等と面談
15:30 保育園迎え
16:00 買い物等
18:00 夕食
20:00 事務作業・読書その他
23:00 就寝

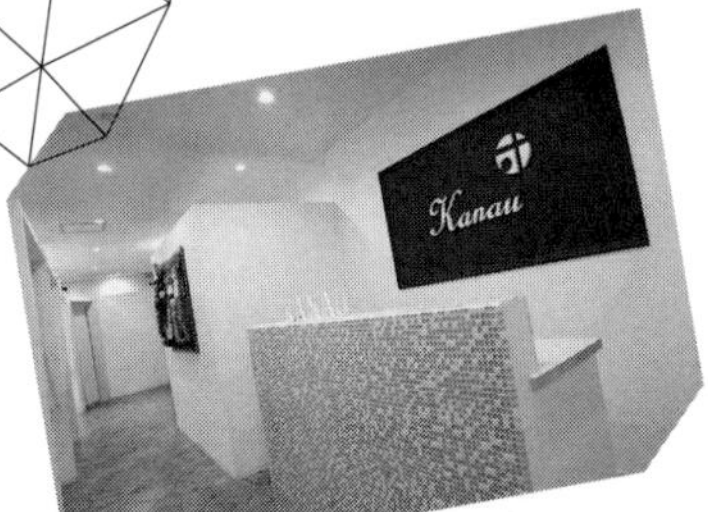

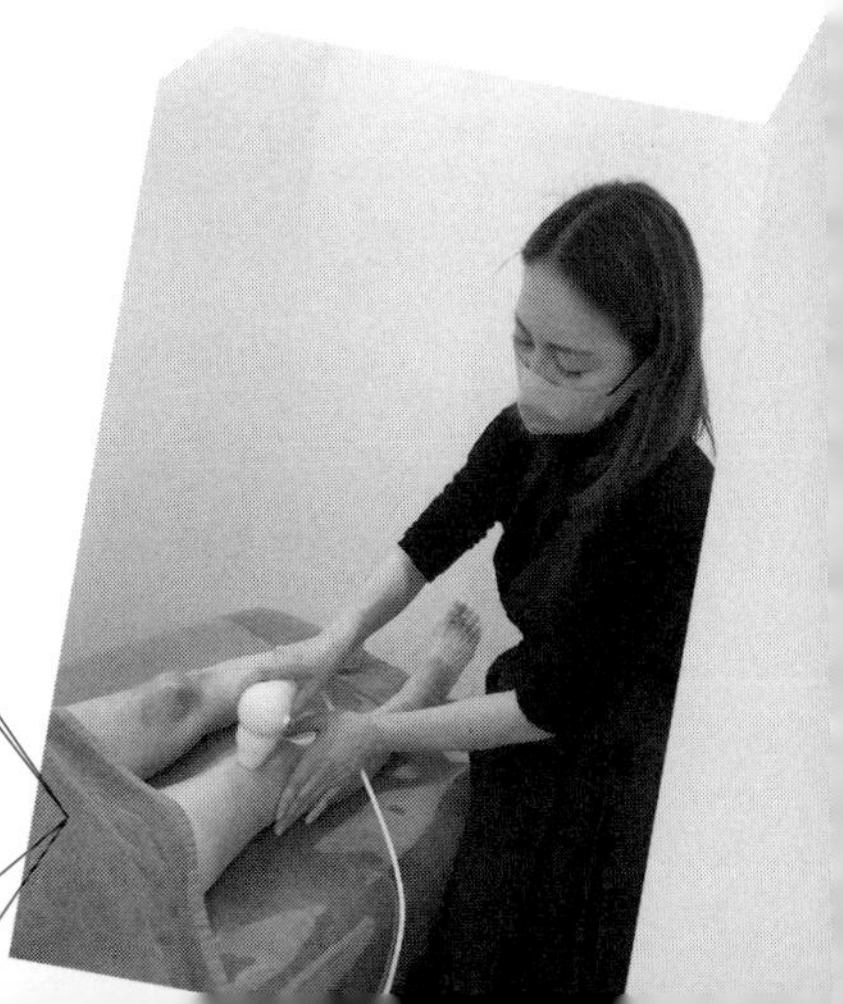

思い通りの人生なんて存在しない

「おかえり～」「大丈夫だよ。応援しているからね」「大事な子だよ」

そんな言葉を掛けて欲しいとずっと思っていました。しかし、母は自閉症のため、私が成長するなかで普通の家庭にあるような日々の会話はありませんでした。今でいう毒親で、励ましや安心感を得ながら育つということが不可能だったのです。

父親と祖父は放任、祖母は父親の義母ということもあって、家族の中に一人も味方はおらず、心を寄せる人も場所もありませんでした。さらに当時はまだ男の子を産むことが良しとされている時代だったので、祖母は私が産まれた時、女と聞いてゾッとしたと直接聞かされました。せめて母にだけは庇って欲しかったのですが、来る日も来る日もすべてを否定、侮辱、罵倒、無視、裏切、監視の連続で、壮絶な環境でした。

とうとう中学2年生の大切な時期に持ちこたえられず、心を病んで入院してしまいました。元々勉強は嫌いではありませんでしたが、さすがに1年近くも休学すると出席日数が足りず、思うような進路に進むこともできなくなっていました。

私も人並みに将来の夢や憧れを持っていましたが、このような環境下では何をするにも難しく、むしろ普通に生活することすら難しい状況でした。

しかしながら、掃除は一日中異常なくらいするなど極端に偏っていたり、人目に付くことにはお金と時間をかけていたりしたため、私はいつも綺麗な洋服を着せてもらっている一人っ子のお嬢様と周囲から思われていたようです。周りは家の中の事情を知る由もありません。私が欲しかったのはそのような見た目の体裁ではなく、優しい言葉、一緒にいてくれる時間、安らげる空間や甘えられる場所でした。

小学生低学年の頃、友達とピアノ教室に通っていたときのことです。ある日、その友達とレッスンに行かずに遊んでしまいました。レッスンが終わる時間に、ちょうどレッスンが終わったようにして友達の家に帰ったところ、先生から連絡が入っていたようで、案の定、友達のお父さんから二人とも叱られました。友達は泣いていました。

当たり前のことですが、お父さんの叱り方は侮辱や攻撃的な感じは微塵もなく、言葉の中に優しさが感じられました。友達はその後、家に帰ってきたお母さんを見つけるとすかさず駆け寄り、まとわりつき、お母さんも何も言わずに友達を抱きしめました。

こんなよくある光景をいろんな場所で何回も何十回もいつも当たり前のように見ながら、幼心に羨ましくて仕方ありませんでした。一人で自宅に帰った私は誰にも何も言えず、また、言える雰囲気もありませんでした。

ピアノのレッスンに行かずに遊んでしまったことをどうして言えなかったのか？　何をしていたのか？　その後、友達のお父さんとどういう話をしたのか？　私も聞いて欲しかったし、話したかった。でも、何があろうとどんなに辛くても、泣いて訴えようが母に聞き入れてもらえるわけがありません。私はどうして生まれてきてしまったんだろう。こんな生活がいつまで続くのか……。辛く重く、気持ちのやり場のない長い年月でした。

今ではパニック障害や鬱はよく耳にする病名となり、専門機関での治療も容易になりましたが、当時は病名も確立されておらず、いろんな病院を点々とし、苦労しました。

短大を卒業して22歳で結婚しました。この結婚が私の人生の転機となりました。人生で初めて自分の味方を得て、自分の居場所を感じることができたのです。生まれて初めて感じる安らぎの感覚でした。まさに主人は私の人生の救世主でした。

寂しかった私は、子どもは3人と決め、23歳で長男を、25歳で双子の女の子を出産しました。子どもが産まれるにつれて、自分が必要とされているこの上ない喜びと共に他類ない重責を担うことで、もう迷うことなく生きていかなければいけないと自然に前を向かせてもらったのだと思います。

自分が育ったようにしか子育てはできず、同じことを子どもに繰り返すと言われますが、反面教師、自分のしてもらえなかったこと、本当はして欲しかったことをして自分の子どもを育てようと決めました。

自分の子どもでも一人の人間として尊重しよう。

いつも明るく元気なお母さんでいよう。

できる限り手作りの食事で満たしてあげよう。

子どもの理想と夢を一緒に叶えてあげよう。

私のような思いはさせてはいけない、繰り返してはいけないという思いで子育てをしました。

私が大人になってから、お世話になったカウンセラーの先生や母を診てくださった精神科の先生からは「大変な苦労をされたのですね。でもそんな環境下でよく今、普通に生活されていますね」と言われます。私は安心感がまったく育っていないと言われており、まだまだトラウマも残っていてなかなか消えることはありません。

しかし、この世に完璧な育児も思い通りの人生も存在しません。私の育った環境を決して肯定はできないけれど、これも私に与えられた人生なら大人になって自由になった今、自分で自分の人生を思いっきり生きていこうと決めました。

人生最大の転機、そして独立へ

3人の子どもを育てながらOLとして働いているなか、美容との出会いがありました。自分らしく生きてみたい、いつかはやってみたいという漠然とした憧れはあったもののきっかけがなく、年月が過ぎていってしまっていました。そんななかで、知人から「エステサロンで働いてみないですか?」これが私のエステティシャンとしての始まりであり、人生最大の転機となりました。何の迷いも不安もありませんでした。今となってはこのご縁に只々感謝しかありません。

いざ入社してみると、私を合わせて新人が2人、そして2人の先輩スタッフが在職していましたが、1か月の売上が5千円、来客数1人という、まったく売上がないお店だったのです! スタッフは毎日適当な勤務状態で、適当な時間に退社するという状態でした。

そんななか前任者の退職が半月後に迫っていたので、まったくの素人だった私は少しでも多くのことを伝授してもらいたい、少しでも吸収しようと四六時中必死でした。美容業界で前進するのみ! と気持ちはすでに固まり、脇目もふれず走り出していました。集客、カウンセリング、クロージング、施術、手技、心理学など、ただただ必死で学びました。

この頃は、今のようにネット環境が整っておらず、情報も乏しかったため、DVDやCDを揃えたり、日本中を駆け巡ってあらゆるセミナーや研修に参加したりしました。

その甲斐あって、入社した時に5千円だった売上は何十万になり、100万を超えて右肩上がりに順調に延びていきました。

そうこうしているなか、一緒に入社した同期が退職し、オーナーさんからは、都合上美容は切り離したいので独立してもらえないか、というお話がありました。少しずつ売上が上がってきていたので、迷うことなく独立を決心しました。独立が決まってからというものの、さらにセミナー漬けになり、毎週のように出掛けており、熱心なメーカーの担当者は私の相談に3時間も付き合ってくださいました。


地域密着型サロンとして、どんな年齢層にターゲットを当てていけば良いのか？

お客様は何を求めているのか？

どんなメニューに需要があり、どうしたらお客様に感動を与えられるのか？

頭の中は日々疑問の投げかけと、その答えを見つけることで精一杯でした。

経営の原点は、20年通っている隣の市にある美容室と、20年以上通っているヨガ教室にありました。美容室やヨガ教室は今ではどこにでもあり、私の職場からも10軒以上の美容室を左右に見ながらその美容室まで走っていきます。

でも、私にとってはどんなに遠くても行かなければならない特別で、こだわりの美容室なのです。片道45分もかけてどうして行かなければならないのだろうか？

また、ヨガ教室もオシャレな造りなどではなく、鉄骨で倉庫を改造して営業しているヨガ教室なのですが、いつも生徒さんで溢れていて予約を取るのも困難な教室です。たまに浮気をして別のオシャレな教室に行くのですが、やっぱり戻ってしまうのはなぜなのだろうか？　これらの疑問が私の経営者としての原点であり、その答えは永遠の課題であると思います。

気さくに迎え入れてくれて、分け隔てなく毎回してくれる声掛け。ホッとしてまた行きたくなるようなヨガ教室。細かく丁寧な施術と接客。最先端の技術をもち備えたこの美容室は、ここに来ていれば大丈夫という安心感を私に与えてくれているのだと思います。


私は物事に行き詰まった時、自分だけで悩まず、周りに相談したり、思い付くあらゆる方法をトライしてみました。そうすることで今の状況を周囲に発信していきました。自分の気持ちがぶれない限り、周りからのアドバイスや紹介、時間の経過によって必ず解決されていくと思います。

周囲に屈しない、そんな生き方がしたい

必死になった努力が報われて、売上は右肩上がりに上がり、スタッフも9人を雇用することになりました。ところが経営者として素人だった私は、とにかく売上を伸ばすことだけに執着してここまでやってきたので、スタッフの人数が増えてくるに従い、さまざまな問題が生じてきました。美容サロンで働くということはどういうことなのか？「叶～kanau～」の企業理念に基づいてお客様に接客していただきたいと思っていても、私の思いはまったく届かず、スタッフ間の人間関係や反発が多く、苦労が絶えませんでした。

家族もありながら仕事もして、とにかく猫の手も借りたいほど忙しかったため、スタッフの応募があれば詳細は考慮せず、また、お客様の中からも美容に興味があると言われれば無条件に採用してしまっていたのです。「お給料は上がらなくていいので、やらなくてもいいですか？」美容サロンで働いているにも関わらず、「美容に興味はありません。電気工事士のほうに興味があります！」など、とんでもない発言をするスタッフが出てきてしまったにも関わらず、日々のお店の業務をこなしていく人数を確保しておかなければならない状態でした。

また、スタッフが指名のお客様をもつようになると、そのスタッフの退職によって何百万という損失が発生することになります。業務をこなしていけないうえに不利益が発生してしまうことになり、スタッフに対して遠慮がちになってしまい八方塞がりの状態でした。

しかし、乗りかけた舟、途中で降りることはできず、選択の余地はなく、前に進むしかありませんでした。

スタッフが増えても片腕になってくれるスタッフはなく、私が売上を上げてスタッフが業務をこなしていくという先の見えない苦しい時期が続きました。この頃には既存客数が延べ3000人弱位になっており、ここで私がお店を畳むわけにはいかない、どうしたらお店が安定し上手く回るのか。私の経営者としての選択は間違いだったのか、と考え続けました。

先の見えない苦悩の中、2020年、世界中をCOVID-19コロナウィルスが蔓延。当サロンも漏れることなく大打撃を受けました。

第一波で営業停止を余儀なくされたことによって売上が減少し、もちろん危機的状況にはなりましたが、美容には興味がもてないと言い張ったスタッフは自然と離れていき、お店も私もこれをきっかけに心機一転仕切り直すことができました。

右も左も分からず、見切り発車で始めたこの仕事。たくさんの失敗を経験し、学習をして組織を作っていくという作業は自分自身を立て直していく作業でもありました。

弊社の企業理念「かかわる全ての人に最幸の美を」。この由来は、お客様は皆幸福になるためにご来店いただくのだということ。美しくなるためにご来店いただくのですが、必ずその向こうには幸せがあるということ、幸せになるための手段として美しくなるのだということです。

自分に自信がなく、オシャレに興味もなく、下ばかり向いていたお客様も、痩せて綺麗になるとどんどん前向きになられ、オシャレをして面接や街コンに行かれるようになります。行動範囲が広がり、目が輝き、生き生きとしていかれます。当店がいろんな会社とコラボしていたこともあり、職場のご紹介もさせていただきました。ご来店いただき美しくなったうえに就職、結婚までできたと喜んでいただきました。

お客様の変化が手に取るように感じられた時、「この仕事をしていて良かった。自分もお役に立てたんだ」と実感します。

美容は、美を通して人生が変わっていく瞬間に立ち合える仕事なのです。

幸せになると決めた

幼い頃から心を寄せる場所もなく育ったため、自己肯定感が低く、自信がないということは経営者として致命的でした。そのため、いろいろな失敗や挫折を経験しながら自信をつけ、自己肯定感を上げることに精進しました。まだまだ昔のトラウマは根強く残っており、決して肯定できるものではありませんが、今まで頑張ってきたかけがえのない自分を大切にすることができるようになりました。

今は高齢になった母の面倒を見ながら仕事をしています。傷ついて折れてしまっている心に罵声を浴びせられ、罵倒され傷口に塩を塗るような思いをし、今でも一語一句を決して忘れてはいないけれど、それでも年老いて訪問看護士や介護士さんに心を開けず、私しか頼る者のいない母が不憫でなりません。何があってもこの世にたった一人しかいない、かけがえのない母なのです。

一昨年、父が他界しました。その時、母に「あと10年は元気でいて欲しい」と伝えました。それ以来、この先10年母に元気でいてもらうことが私の目標になりました。

春には車の後部座席に乗せて花見に行ったり、季節が変われば花屋さんに連れて行って一緒に花を買ったり、季節折々の変化を感じさせてあげよう。時には懐かしい母の実家のほうまで車を走らせて昔を懐かしんでもらいたい。自分一人ではどこへも行けないし、買い物もできないけれど、少しでも、たった1回でも外の空気を吸って、今生きていることを感じてもらえればと思っています。

父は亡くなる1か月前に入院しましたが、その間コロナ禍により面会もできず、危篤の連絡が入って駆けつけた時には、すでに話すこともおろか息絶え絶えの状態でした。でも唯一、私の名前だけには反応し、微かに身体を動かして何かを言いたげでした。父は私や孫に見守られながら旅立ちました。

亡くなる前夜、私の携帯に父から何回も着信がありました。夜中だったのと、またきっと必ず元気に帰ってきてくれると信じていた私は、すぐに折り返すことをしませんでした。あの時、一体何が言いたかったのだろう。前夜の電話をすぐに折り返せば良かった。後悔してもし切れない気持ちで一杯でした。

しかし、生まれてから入院する1か月前まで、莫大な時間を一つ屋根の下で共に暮らしてきたのですから、おおよそのことは分かっています。最後に父の言いたかったことは他でもなく、「お婆さんを頼む」だったのだと思います。

母とのかけがえのない時間を大切にしたい。お店を畳むか売却しようかと考えていた矢先、私の思いを知った銀行員だった娘が「お母さんは、叶～kanau～を自分の子どものように、宝物のように大切にしている。売却させるわけにはいかない」と銀行を退職して入社してくれました。私の数倍も美容に興味がある娘が私の片腕になってくれたことで、先の見えない闇から脱出し、お店の基盤を固めることができました。

陽は沈むけれど、必ずまた昇ります。

自分では選べなかった運命でも、その後の人生は自分次第です。人生とは、正に真っ白な画用紙に色鮮豊かに自由に描くことができる絵画のよう。

健康、少しの贅沢ができるお金、安らげる家族、心置きなく話のできる友人、大切な仕事、協力してくれるスタッフたち。これ以上の幸せはありません。

今回、一つの区切りとして自分の思いを活字にすることで心の整理を付け、前向きに歩んでいくことができればと思いました。こんな素晴らしいご縁をいただいたRashisa出版に感謝すると共に、今、この本を手に取ってくださったあなたのお役に少しでも立てたなら幸いです。

あなたへのメッセージ

陽は沈むけれど、必ずまた昇ります。
自分では選べなかった運命でも、
その後の人生は自分次第です。

haTukiさんへの
お問合わせはコチラ

普通の専業主婦だった
私が47歳で
作業療法士を取得し、
介護事業を始め
数々の事業を
立ち上げてきた
人生の歩み

株式会社ドルフィン・エイド 代表取締役
介護事業／保育事業

福嶋裕美子

1975年、青山学院女子短期大学を卒業。結婚、出産を経て、2000年、47歳の時に作業療法士国家資格を取得し、株式会社ドルフィン・エイドを設立。介護付き有料老人ホームの運営からスタートし、現在では児童発達支援事業所、保険薬局、有料職業紹介事業など、多くの事業を行っている。2003年に理学療法士を養成する学校法人を設立。2007年、医療福祉博士を取得。2018年、社会福祉法人を設立し、認可保育園を運営。近年、外国人労働者の教育に力を注ぎ、活動の幅を広げている。

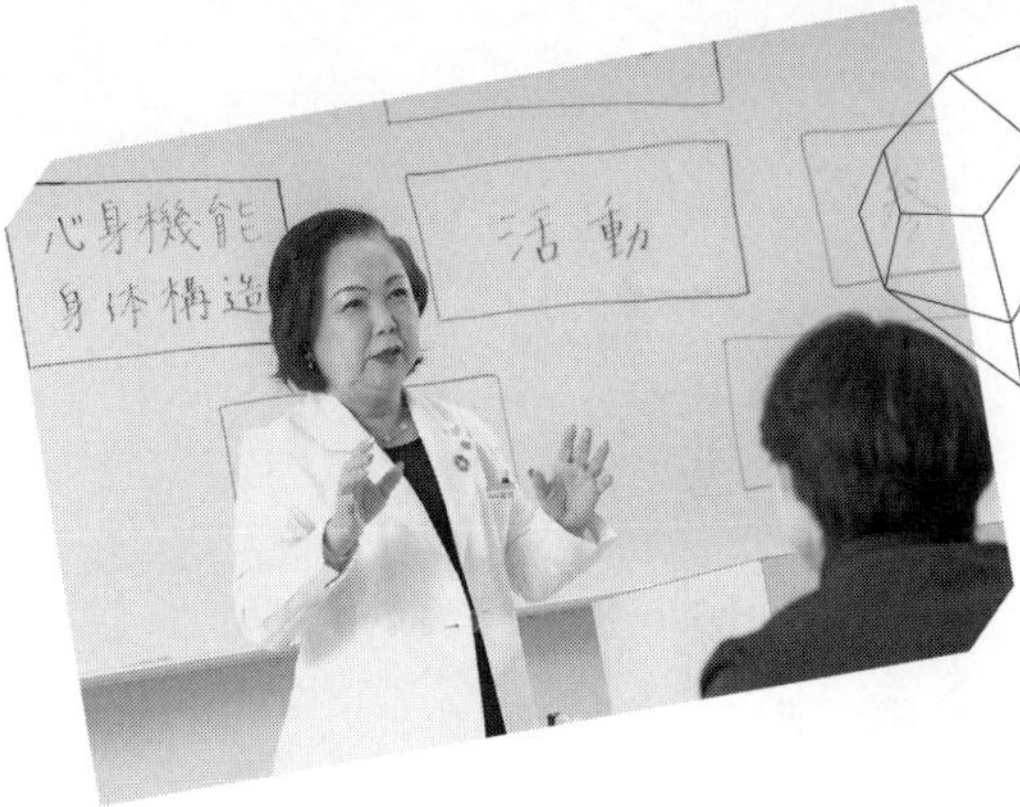

1日のスケジュール

- 6:30 起床、身支度
- 8:00 朝ドラ鑑賞
- 8:30 学院に出勤
- 9:00 講義
- 11:30 ロータリークラブへ
- 13:30 各施設訪問、面談、会議など
- 18:00 帰宅
- 19:00 会食

専業主婦から一念発起し、作業療法士に転身

急速に進展する少子高齢化によって国の社会保障制度は逼迫し、さらに労働人口の減少に伴う経済活動の停滞が懸念されています。そのため、経済産業省は平成25年に「健康・医療戦略推進本部」のもとに「次世代ヘルスケア産業協議会」を設置。「健康寿命の延伸」と「新産業の創出」を推奨し、「経済活性化」と「あるべき医療費・介護費の実現」につなげようとしています。こうした背景からも医療・介護・福祉といったヘルスケア分野は、成長産業として期待されているといえるでしょう。

私の夫が理事長を務めている医療法人福嶋医院を中核とした「福嶋ドルフィングループ」は、岡山県西部を中心に介護老人保健施設、訪問看護・介護、リハビリテーション専門学校、高齢者住宅、保険薬局等々、多岐にわたるヘルスケア事業を展開しています。

当グループが掲げる基本理念は「皆に優しく、共に楽しく」であり、その根底にあるのが「ノーマライゼーション」です。これは年齢や性別、国籍、障がいの有無に関係なく、すべての人々が楽しく生き生きと共生できる社会こそ〝ノーマル〟であるというデンマークから世界に広がった考え方で、当グループでは「ノーマライゼーションの町づくり」を

目指しています。

私は当グループにおいて、理学療法士の養成校の「学校法人福嶋学園」、高齢者住宅事業を中心とした「株式会社ドルフィン・エイド」、保育事業を担う「社会福祉法人ドルフィン福祉会」の3法人の代表を務めていますが、実は43歳までは家事と育児にいそしむ専業主婦でした。

ただの〝おばさん〟だった私が〝経営者〟として自立するまでの間、本当にいろいろなことを経験し、たくさんのご縁に恵まれました。これまでの歩みを振り返ってみると、私の人生を変えた分岐点は、夫との「出会い」だったと改めて感じます。


神奈川県横浜市で生まれ育った私は、短大生のときに友人を介して、当時東京の医大生だった夫と知り合って在学中に婚約。私が25歳のとき、彼が医師国家試験に合格したのを機に結婚しました。夫の地元は瀬戸内海沿岸の町、岡山県浅口郡（現浅口市）寄島町です。福嶋医院の先代の院長だった義父は、常に地域に寄り添う「赤ひげ先生」のような医師でした。夫はそんな義父の背中を見て医師を志し、医大卒業後は東京の大学病院で経験を積むことになっていました。

ところが、私たちの結婚式を1か月後に控えたある日、義父が病気で倒れたとの知らせが飛び込んできました。幸い大事には至りませんでしたが、病気で少し弱気になった義父から「2人で岡山に戻って来てほしい」と言われたのです。婚約中から義父には大変かわいがってもらっていたので、その言葉に私もつい「はい」と答えてしまいました。

生粋の〝浜っ子〟だった私にとって、生まれて初めての田舎暮らし。岡山市内に新居を構え、夫は倉敷市内の大学病院の勤務医となりました。当時は知らない土地での不安やとまどい、多忙な夫にかまってもらえない寂さもありましたが、住めば都です。やがて3人の男の子にも恵まれ、子育てを楽しみながら専業主婦として家庭を守ることに専念するようになりました。

そんな私に転機が訪れたのは、1994年のことです。長年地域医療に尽力してきた義父の引退と共に、夫が診療所を受け継ぐことになり、私たちは家族そろって寄島町に引っ越しました。

院長となった夫は地域全体を「病院」に見立て、診療所を「医局」、患者さんのお宅を「病室」、道路を「廊下」という発想で在宅医療に携わるようになりました。24時間・365日、昼夜を問わず働き続ける夫の姿を見て、私自身も何か力になりたいと思い始めました。

そして、当時43歳という年齢ではありましたが、思い切って作業療法士の専門学校への入学を決意したのです。専門学校で3年間学び、国家試験を受験しましたが、結果は不合格。勉強と家事の両立は生半可なものではないことを思い知らされ、かなり落ち込みましたが、いつまでもクヨクヨ悩んでいても仕方ありません。すぐに気持ちを切り替えて猛勉強した結果、翌年47歳で念願の作業療法士の国家資格を手にすることができました。

その後も医療・介護にかかわる知識の習得に努め、大学院で医療福祉博士課程を修了、ほかにもケアマネジャーや認知症介護指導者、健康運動指導士など、さまざまな資格取得にチャレンジし続けました。

こうした経験から私が体得したのは、「目標に向かって努力すれば、必ず実を結ぶ」ということです。私が理事長を務めている「倉敷リハビリテーション学院」の学生たちにも、常にこのことを伝えています。

私は一度国家試験に失敗して苦い思いをしました。その失敗を教訓とし、当学院では定期テストで一定の基準に達しなかった学生には、本人が勉強内容を理解できるまで何回も再試験を受けさせ、留年させない方針で運営しています。

また、一人でも多くの理学療法士を輩出できるよう、社会人や主婦の方々も通学しやすいカリキュラムも設けました。47歳で専業主婦から作業療法士に転身した私の実体験から「やる気があれば年齢は関係ない」ということを証明し、向上心のある方々を強力にサポートしたいと考えています。

課題を見据え、高齢者住宅事業に参入

当グループが1998年に開設した介護老人保健施設「いるかの家リハビリテーションセンター」は、介護が必要な高齢者の身体機能の維持・回復に向けて適切なリハビリテーションを提供し、在宅復帰を促す「病院」と「自宅」の中間施設です。現在、日本では約80％の人が病院で亡くなっています。在宅医の夫は、患者さんがご自宅で家族に見守られて最期を迎えられる医療を理想としており、その〝こだわり〟から「終の棲家」の機能がある老人ホームではなく、「在宅復帰」を目的とした介護老人保健施設を開設したのです。

しかしその一方、地域の高齢化・過疎化が進むと共に、独居生活に不安を抱く高齢者の方々の「終の棲家」へのニーズも高まってきました。そこで私は介護付有料老人ホームに着目し、開設に向けて1999年に有限会社ドルフィン・エイド（現株式会社ドルフィン・エイド）を起業。2006年に岡山県笠岡市に1棟目となる介護付有料老人ホーム「ドルフィン笠岡」を開設しました。

その後も地域のニーズに応えて施設を増やし、現在は岡山県と神奈川県で計6施設を運営しています。いずれの施設も「自立支援」をコンセプトに、医療との連携はもとより、

私の専門分野であるリハビリテーションと認知症ケアに力を注いでいます。

私は高齢者住宅事業に参入するにあたり、集合住宅のような施設ではなく、そこに関わる人たちの笑顔が絶えないような場所にしたいと考えました。館内は「施設っぽくない」内装を施し、機能訓練に必要なトレーニングマシンも完備。介護技術から接遇まで職員教育も徹底し、ハード&ソフトの両面から入居者様に最高のホスピタリティを提供できる施設運営をめざしました。職員一人ひとりが常に入居者様の視点に立って「自分が入りたい施設」「自分の親を入れたい施設」をイメージすれば、自然に満足度の高いサービスにつながっていくと確信しています。


専業主婦だった私が弊社を立ち上げ、夫の力を借りずに高齢者住宅事業に参入できたことについて、周りの方からいろいろたずねられることがあります。

私が起業を意識し始めていた頃、高齢者福祉の世界では「2015年問題」がクローズアップされていました。これは団塊の世代の方々が65歳を迎える年です。私が質の高いサービス提供にこだわったのは、こうした背景にも後押しされたからです。

しかし私が経営者として高齢者住宅を運営することに対し、夫から猛反対されました。おそらく福祉の仕事をしたことのない私に施設運営などできる訳がないと心配してくれていたのでしょう。必死で夫を説得し、最終的には「五箇条の御誓文」のような文書にサインをすることで、ようやく施設の開設を認めてもらうことができました。

この文書には「とにかく医療法人の指示に従い、すべてを報告すること」といった内容の文言がありました。そのときは、まるで夫が経営者であるかのような内容に腹立たしさを覚えましたが、今から思えば、夫は医師として入居者様の命のリスクマネジメントを最優先してくれていたのかも知れません。

会社の経営が安定するまでの間、夫は何かと私に口うるさく意見してきました。夫の言うことは正論で、何度も悔しい思いもしましたが、私は高齢者住宅事業を通じて日本の高齢者福祉の質を向上させる、という大きな目標を心の支えにして突き進みました。何度も逆風に遭いましたが、私は今こうして自分の足で立つことができています。夢を持って自分の信念を貫くことはとても大切なことだと、今、改めて実感しています。

また、2023年5月に英会話のスキルアップのためにメルボルンに1か月間短期留学しました。英会話スクールのお教室には若い方ばかり。万国から集まった若者の中に入り、楽しく英会話を学びました。この短期留学も私の素敵な思い出となりました。

私の夢への旅はこの先も途切れることがなさそうです。

民間法人として担うべき少子化対策

超高齢社会の到来といわれる昨今、高齢者福祉の充足は喫緊の課題とされていますが、その陰には必ず少子化の問題が潜んでいます。

かつて当グループの介護老人保健施設では、併設の「企業内保育園」で職員の子どもたちを無料で預かっていました。しかし、保育士や看護師の人件費で赤字が続き、結局保育料を有料にせざるを得なくなりました。数年前にも大きな問題としてマスコミにも取り上げられましたが、保育施設に子どもを預けられないのは、働く女性にとって死活問題です。

私は保育施設が不足している現状を鑑み、当法人の職員以外の子どもたちにも対応できる保育施設の創設を考えるようになりました。ちょうどその頃、内閣府認可の「企業主導型保育施設」の制度が創設されたことから、2017年に倉敷市内に企業主導型保育施設「ドルフィン・メイトこども園」を開園しました。

当園では、仕事を持つ若い保護者の方々が育児に関わる負担軽減を目的とし、「当園でできることは全て行う」というスタンスで〝パパ・ママ・園児ファースト〟の運営を実践しています。

その一環として、お昼寝用の布団や水筒などの持参を求めず、必要な物はすべて当園で用意するほか、制服の洗濯やおむつの廃棄も対応しています。食事やおやつは、採算度外視で管理栄養士による手づくりのおいしくて安全なものを提供し、園児たちにはたくさんおかわりしてお腹いっぱい食べてもらえるようにしました。食事やお菓子をきちんと丁寧に手づくりすることは、園児たちの成長を支え、食育にもつながると考えています。

また、園児たちの教育面にも配慮し、「保育支援員」の資格を有す外国人女性を雇用しています。園児たちは、彼女と英会話で触れ合うことで自然に英語を聞き取れるようになり、帰宅後も英語を話すようになりました。今後の国際社会を見据えた当園の考え方は、保護者の方々にもご理解いただいています。

こうした当園の取り組みは口コミで広がり、おかげ様で毎年多くの方々から入園の希望が寄せられるようになりました。その後、社会福祉法人ドルフィン福祉会を立ち上げ、現在は岡山県と埼玉県で保育施設を計7施設運営しています。

当園が布団や飲み物の用意から、制服の洗濯やおむつの廃棄まで行っていることに対して、他園のベテラン保育士から「母親教育にならない」と批判されたこともありましたが、私はそうは思いません。出産後、「早く職場復帰したい」と考えている女性は大勢います。能力のある女性は一日も早く社会復帰してバリバリ活躍するべきだと思います。

仕事で忙しいママたちの代わりに日中は当園が育児をサポートし、家事や雑用の負担が軽減されて、少しでも時間や気持ちに余裕ができれば、その分、お子さんに愛情を注ぐことができます。そうすることで幼児・児童虐待やネグレクトといった痛ましい事件を未然に防ぐこともできるのではないでしょうか。

私は当園のサービスや考え方が、いつかグローバルスタンダードになることを心から願っています。

遅咲きのおばさんの経験値を事業に活かす

当社では、有料老人ホームや保育施設のほか、児童発達支援センターなども運営しています。実は当社が運営している保育園の園児のなかに、発達障がいの園児が何人かいることに気付き、支援施設の必要性を感じたのです。

当センターでは、倉敷リハビリテーション学院の卒業生である理学療法士をはじめ、専門知識を有した職員を配置し、認知、言語、コミュニケーションが困難な児童に感情のコントロールや言語訓練、運動療法などを実施しています。専門的な観点から適切な支援を行うことで、この子たちが成人したときに社会参画を果たせるようになることを願っています。

また、当社の有料老人ホームでは、インドネシアなど東南アジア7カ国から技能実習生や特定技能外国人を受け入れています。モチベーションの高い彼らは、今では施設にとってなくてはならない存在に成長しました。

当グループはこうした医療・介護・福祉事業に取り組みながら、「ノーマライゼーションの町づくり」の実現を目指しています。

先に述べましたように、私は47歳で作業療法士になり、その後起業しました。ほかの女性起業家の方々と比べて〝遅咲き〟ではありますが、年齢を重ねているからこそ気付けたこともあり、そこから新規事業につなげることもできました。

医師である夫とはこれまで何度も意見が衝突し、厳しい言葉を浴びせられたこともありました。今思えば、これは私への「愛の鞭」だったのかも知れません。夫の存在があったからこそ、高い志をもつことができたのだと、今では心から感謝しています。


最後に読者の皆様にメッセージを贈らせていただきます。

私が起業したのは、年齢的には遅かったかも知れませんが、思い立った時こそが「旬」だと思います。

私はこれまでの人生においてさまざまな目標を立ててきました。結婚当初は、自分の子どもを社会で役立つ人間に育てることを医家に嫁いだ使命としていました。40歳を過ぎて育児に手がかからなくなった頃、私は次のミッションを探し始めました。そして先に述べましたように、「日本の福祉を変えたい」という大きな目標と出会ったのです。

福祉大国と言われるスウェーデンやデンマークなど北欧の福祉の現状も視察しましたが、日本の医療・福祉の世界では、専門職の資格がなければ誰からも相手にしてもらえません。そこで43歳のときに作業療法士の国家資格にチャレンジしたのです。

新しいことを始めるときに最も重要なのは「計画」です。私は常に「日・週・月・年」単位で綿密に計画を立てています。

計画を立てるとき「好きだからこれをやりたい」では、単なる自己満足で終わってしまいます。社会のニーズに応えながら確実に事業を継続させるためにも、しっかりと社会情勢を見据え、目標を達成させるためにはどのような資格が必要か、どれくらいの費用や時間を費やすことになるのかを事前に分析・調査する必要があります。

一見難しそうに思えますが、私は専業主婦だった頃、家事と3人のやんちゃな息子たちの育児と国家資格の受験勉強を日常のなかでこなしているうちに、タイムマネジメントの基本が自然に身についたようです。そう考えると、世の中の主婦の方々は経営者の素質があるのかも知れません。

さあ、これから夢の実現に向けて計画を立ててみませんか?

皆様の成功をお祈りしています。

あなたへのメッセージ

挑戦することに年齢は関係ない。
思い立った時こそが「旬」!

福嶋裕美子さんへの
お問合わせはコチラ

子育てを機に
ＩＴ会社を起業！
リーマンショックでの
倒産危機を乗り越えた
ピンチをチャンスに
変えていく考え方

株式会社khronos 代表取締役
ソフトウェア受託開発／エンジニア教育

前田美香

1968年生まれ、兵庫県生まれ。コンピュータ専門学校卒業後、独立系ソフトウェア企業に13年間勤務。2004年、出産を機に株式会社 khronos を設立し、ソフトウェアの受託開発、エンジニア教育を行う。その他、物販を事業とする合同会社ニュービジネスキャリアクリエイト、就活支援や人財活用を行う株式会社 GAKUSAI を経営している。個人では中小企業の DX 化推進、IT のセカンドオピニオン、大学で「起業演習」の講義、プライバシーマークの審査員など幅広く活動中。

1日のスケジュール

4:00 起床、メールチェック、自分の事
7:00 シャワー、朝食、身支度
8:00 名古屋へ移動
10:00 お客様訪問
11:00 カフェで仕事
13:00 カフェでオンライン会議
15:00 お客様訪問
17:00 カフェでオンライン会議
19:00 会食
22:00 帰宅
22:30 お風呂
23:00 就寝

やりたいことが見つからない

私は母子家庭で育ちました。母親に迷惑をかけないよう、いい子でいようと心がけていました。母親に褒められたくて頑張るものの、思うように成果が出せず、中途半端で投げ出してばかりでした。高校の時は成績が伸び悩み、大学受験に失敗。1年間、アルバイトをしながら大学を目指しましたが、ろくに勉強しなかったため、2度目も失敗しました。

当時は幸せになるための法則が決まっていました。

《幸せになるための法則》

いい大学に行き、いい企業に就職し、家を買い、子どもを産んで、専業主婦になり、夫は定年退職をし、年金をもらいながら余生を過ごす。

人生のスタート時点で、もう幸せからのレールから外れてしまったという絶望感でいっぱいでした。その時の母の涙をいまだに忘れることができません。

私はコンピュータの専門学校に進学しました。勉強を一生懸命しなくてもそれなりの成績を残すことができましたが、何かに情熱をもって取り組むことができず、不完全燃焼の毎日を過ごしていました。

就職は私にとって人生のリスタートでした。誰も私のことを知りません。ここで頑張らなければ、次の人生のリセットボタンを押すタイミングはない、そんな気持ちでした。ところが入社してみると、専門学校卒の女性と大学卒の男性では、明らかに仕事内容が違っていました。15時になると、女性社員は上司や同僚のお茶くみをします。上司の飲み物の好みを覚えていることが、優秀な女性社員と呼ばれていたのです。

海外赴任に手を挙げても、後輩の男性が選出されました。そんなことがたくさんありました。とても悔しくて、私はがむしゃらに仕事をしました。純粋に仕事を評価してほしかったです。「人並みではダメなんだ」と、2倍3倍の仕事量をこなすようになりました。

そんなとき、バブルが崩壊しました。下請けだった会社は仕事がなくなり、多くの先輩たちが目の前からいなくなりました。

会社はメーカーとなるため、新部署を作り、自社製品を開発しはじめました。そこで私は転属を希望しました。そして、大学向けのシステムを開発する仕事に就きました。まだ大型コンピュータが主流の時代だったので、パソコン上で動作するシステムは非力で、皆が鼻で笑い、まったく売れませんでした。

そんなある日、Windows95が日本にやってきました。インターネットが普及し始めたことを肌で感じた私は、Ｗｅｂシステムを開発するため、渡米し、ＩＢＭで学ぶことを決めました。

帰国後、Ｗｅｂで履修登録ができるシステムをリリースしました。すると、瞬く間に製品が売れ、日本一のシェアを獲得することができたのです。開発はもちろんのことですが、製品のマニュアル制作、営業、お客様先へのシステムの導入、お客様からの問い合わせ対応をするサポートセンターの創設など、あらゆる仕事をしました。身体はしんどかったですが、心はとても充実していました。仕事がとても楽しかったです。

「やっと自分の居場所を見つけることができた」

そんな感覚でした。


私は没頭できる何かに出会えることは、人生で最も幸せなことであることを知りました。

キャリアは選択しないといけないの？

「子どもがいて、まともに仕事ができると思うのかね？」

育児休暇を終え復帰した年、昇格面談での役員からの一言でした。

妊娠した時、「自分のキャリアがとまる」と、とっさにそう考えました。だからこそ、復帰した時に「やっぱり女は」と言われないよう努力しました。

保育所が開所する7時に子どもを預け、仕事を終え、迎えに行くときには閉所の19時。いつも最後まで残っているのは自分の子どもだけ。迎えに行くと笑顔いっぱいで遊んでいます。いつも機嫌がよく、本当にありがたかったです。

「子どもの笑顔に癒される」とよく聞きますが、私はそうではありませんでした。母親として何かが欠如しているのかと思うくらいでした。19時に迎えに行った後、ごはんを食べてお風呂に入って寝かせます。その後、また仕事をしていました。睡眠時間は毎日4時間くらいでした。

仕事は順調でした。開発リーダーとして次バージョンの企画、開発〜リリースまですべて任されていました。導入校はどんどん増え、保守料だけで1億円以上ありました。

「これだけ成果をだしているのだから、私は特別扱いされるだろう」と高を括っていました。そんな私に、役員の言葉は心の奥深くまで突き刺さり、張りつめていた糸がプチンと切れたようでした。

「何をがんばっていたのだろう」

「仕事か家庭かのどちらかを選択しなきゃいけないのか」

「これだけやってもやはり無理なのか」

「男に生まれたかったな」

そんな風に思いました。昇格面談の後、辞表を出しました。

自分は幼い子どもがいるので転職できないだろうと考え、パートナー会社に電話し、雇用相談をしました。その数日後、

「資金支援をするから会社を立ち上げなさい」

パートナー会社の副社長からの言葉でした。

会社名をkhronos（クロノス）という名前にしました。ギリシャ神話にでてくる時間の神様の名前です。1日は24時間。量は同じでも、質は異なります。時間の過ごし方の質を高めることによって、結果がまるで違うものになります。自分に関わるすべての人が質の

高い充実した時間を過ごしてほしいと思い、名付けました。

支援を受けたパートナー会社から仕事をもらい、また仕事ができることに感謝し、とても嬉しかったです。しかし、社員も雇い、軌道に乗ってきた頃、「いつまで甘えているのか」と支援を受けていたパートナー会社からの仕事がぱったりと止まりました。

前職では営業成績はトップでした。1回訪問しただけで売れることもありました。営業なんて簡単だと思っていましたが、自社には売るものがなく、「何でも開発します」と営業しても、なかなか受注できませんでした。やっと受注した小さなシステムは納品しても、入金がなかったりしました。

私自身は変わりません。むしろ決裁権限があるため、スピードも速く、融通も利きます。会社の看板や実績がどれだけ大切なのかを知りました。信用に値するための施策を数多くやりました。契約書で武装し、キャッシュフローを見直し、自社サービスを作りました。事業はシステム開発のほか、英会話の家庭教師の事業も立ち上げました。

徐々に会社経営が上向きになりだしました。

悩んで行動を躊躇するくらいなら、走りながら考えたほうがスピードが速いと、探りながら進んでいました。

倒産、離婚、借金…の先にあるものとは

「自殺しないでくださいね」

従業員がある日、私の状況を知って、私に声掛けをしてきました。

私が起業して1年後、主人が起業しました。前職の部下を引き連れて。その会社はわずか3年で倒産しました。主人の会社の借金1億円超が私に覆いかぶさってしまいました。家庭が壊れていきました。日々苛々している主人との生活。夜21時に就寝し、早朝3時に起きて、食事の準備や洗濯をしながら仕事をすることで、顔を合わせる時間を極力減らしました。家庭内が常にピリピリし緊張状態でした。

まもなく、離婚しました。片親で育った私は、自分の子どもを同じ境遇にしてしまいました。「自分で生きていける力を身につけさせよう」そう誓いました。

両親も兄弟もいない私は、そこからの子育てはワンオペとなりました。救われたのは、同じマンションにいた同世代のママさんたちでした。仕事で遅くなる時、出張の時、迎えに行ったり、預かったりしてくれました。本当にありがたかったです。

リーマンショックは、多くの業界で大きなダメージを与えました。商流の上位会社が数社倒産し、入金が途絶えました。仕入会社への支払い、従業員の給与、家賃…。社会保険料がさらに追い打ちをかけます。

家から投入するお金も底をつき、「あぁ、もうすぐ倒産する」

そんな時、一本の電話がかかってきました。「支払いの催促か?」

恐る恐る電話に出てみたら、ある取引会社からの呼び出しでした。会議室に入ると、常務取締役と部長がおられました。商流の中の会社が倒産したことで、私たちと連絡が取れずに困っていたそうです。このことがきっかけで、大手会社と直接取引となりました。

他会社からも「プロジェクトがとん挫しそうだ」と連絡があり、会社状況を伝えたら、先払いしてくれました。

「ピンチはチャンス」その言葉通りでした。

売り上げが2倍になり、倒産を逃れることができました。従業員が日々真面目に丁寧に仕事してくれていたために、取引先からの評判がよく、会社は生き延びることができました。従業員に助けられました。本当にありがたく、感謝で涙がでました。

数年後、東日本大震災が起きました。原発問題で、英会話の外国人講師が全員母国に帰ってしまい、事業を余儀なく撤退することになりました。

システム開発は深夜や休日にも仕事となることが少なくありません。自分の今のスキルで、絶対残業しない仕事を考えました。その結果、コンピュータの専門学校の講師をすることにしました。授業をする中で、現場が求める研修を自らしたいと思いました。せめてここは知っておいてほしいと思っていたことをカリキュラムにしました。そして、英会話の教育経験を活かし、システムエンジニアの研修が誕生したのです。開発リーダーだった頃に、未経験者を現場で教育していた経験がここで役に立ちました。

システム開発の受託をしている会社にヒアリングを行ったところ、同じ思いだということを知りました。ブラッシュアップを重ね、3年かけてカリキュラムが完成しました。今では会社では一番利益率の高い事業となっています。

大きな障壁が目の前に立ちはだかり、自分の力ではどうしようもない時、これまでの仕事への取り組み姿勢が結果として顕れると思いました。

新しいことへの挑戦は、未知なる自分の発見

スタンフォード大学のジョン・D・クランボルツ教授によって提唱された、計画的偶発性理論は「個人のキャリアの8割は予想しない偶発的なことによって決定される」とし、その偶然を計画的に設計して自分のキャリアを良いものにしていこう、というキャリアパスに関するポジティブな考え方で、行動神として次の5つを掲げています。

好奇心：たえず新しい学習の機会を模索し続けること
持続性：失敗に屈せず、努力し続けること
楽観性：新しい機会は必ず実現する、可能になるとポジティブに考えること
柔軟性：こだわりを捨て、信念、概念、態度、行動を変えること
冒険心：結果が不確実でも、リスクを取って行動を起こすこと

株式会社 khronos を立ち上げて20年経ちました。これまでの自分のキャリアを振り返ると、偶然の重なりが大きいと感じます。

あの時に、役員から言われた一言がなかったら起業していなかったでしょう。

リーマンショックがなかったら、下請けのシステム開発会社のままだったかもしれません。困難な状況における他者からの支援と自分の選択によって、道は拓かれるのだと思います。

終身雇用を会社が約束しなくなり、政府が副業や兼業を推進し、老後の保障は自分でやりなさいと世の中が変化しました。もう《幸せになるための法則》は存在しないのです。会社がこれまで作っていたレールはもうないから、自分でキャリアを作らなければなりません。今まさに、ひとりひとりが自らの意思で、自分らしく生きていくことでキャリアを形成していくことが当たり前と考えられるようになりました。

何をやりたくて、何をやりたくないのか。
何故働くのか。
働いた先に何があるのか。
自分の強みを活かして働くにはどうしたらいいか。
これらは最近よく聞くフレーズです。答えはあるのでしょうか。

私はやりたくなかった営業を3年間経験しました。上司と「売上NO1になったら、技術職に戻してほしい」と嘆願し頑張りました。売るのではなく、売れるようになるにはどうしたらいいか毎日毎日考えました。いろいろ試しました。この経験は私にとって非常に重要なファクターとなり、今の仕事に活きています。

やりたくないと断っていたら…

自分の強みではないとあきらめていたら…

今の私は存在しません。

「自分の知らない自分」を知るには、未経験のことに挑戦するしかありません。苦手という気持ちも固定概念からきていることも多いのではないでしょうか。

答えのない時代を生きる

これまでのやり方では通用しません。自分のやりたい事、得意な事、それは自分の意志で決定した中から生まれるものであり、親や学校から与えられた枠組みの中からの選択肢は非常に少ないと思うのです。

充実した時間、豊かな日々を過ごすことは、すべての人が叶えたい願望であると思います。それをするには、自分の枠を広げてあげる必要があります。

望むものを手にするため、限られた資源を最大限に活用しなければなりません。

まさしく「自分自身の人生の経営者」でなければならないのです。

自分自身を信じ、育て、経験を積み、キャリアとする。

私はそうすることで、「生きていく力」が養われ、毎日充実した豊かな生活をおくれると思います。

あなたへのメッセージ

悩んで行動を躊躇するくらいなら、
走りながら考えたほうが
望むものを手にするスピードは速くなる。

前田美香さんへの
お問合わせはコチラ

49歳で起業するも
4年後に廃業！
失敗を糧に
2度目の挑戦をしている
私があなたに
伝えたいメッセージ

K-WISE合同会社 代表社員
起業スクール

六車紀代美

1961年生まれ。29歳から大手法人や私立大学などでパソコン講師業に従事。受講生はのべ3万人以上、試験合格率100%の実績を持つ。49歳でパソコン教室の会社を譲り受けるも3年目で売上が半減。さらに業績は悪化、53歳で会社を解散する。集客の失敗を機にビジネスやマーケティング、心理学など様々な分野で学び、54歳で起業に再挑戦。現在は、50代から起業を目指す起業初心者に向けて起業・パソコンサポートを行っている。

1日のスケジュール

8:00 起床

8:30 朝風呂

10:00 出勤　仕事スタート

19:00 帰宅　仕事終了

20:00 愛犬の散歩

21:00 夕食

22:00 自由時間

24:00 就寝

1度目の起業―たった4年で廃業―

人生は挑戦と試練の連続です。

時には成功を収めることもありますが、途中で挫折することもあります。

私は、49歳の時に起業に挑戦し、その後、53歳で廃業を経験しました。


29歳からパソコンインストラクターとして従事し、45歳を過ぎたころ、「私の人生このままでいいの?」「これからもパソコンインストラクターを続けていくの?」とふつふつと疑問が湧いてきました。そんな感情のまま月日は流れ、気づけば49歳になっていました。

そんな時、お世話になっていた方から「パソコン教室をやってみないか」と声をかけていただいたのです。

「せっかくのチャンス、やってみよう」と思い、株式会社を設立しました。

譲り受けたパソコン教室は全4教室、受講生は300人。講師を含め10名の従業員をかかえての船出となりました。

起業1年目は順調で、年商3000万円を超えることができました。私はこの状態が永遠に続くと思っていたのです。しかし、これは大きな勘違いでした。

2年が経過し、3年が経過するころ受講生は半減し、売り上げも半減していました。しかも当時、売り上げが減少した原因を「もうパソコンの時代ではなく、これからはタブレットの時代になる」などすべて社会のせいにしていたのです。

4年目には固定費や人件費を支払うと資金がつき、私は1年間無給・無休の生活を送りました。何のために働いているのかさえ分からなくなり、心身を壊してしまいました。

そして、ついに廃業することになってしまいました。

その後、4年間の起業と廃業の原因を振り返って、市場の変化だけが原因ではないことを認識しました。私自身のビジネスにおける戦略や経営手腕にも反省すべき点があったのです。そして、はっきりとわかったことがあります。なんとなく起業するというのは甘い考えだということです。私は、起業をしたいという信念と覚悟をもって起業したのではない自分を悔やみました。

再出発は簡単ではありませんでした。挫折による傷は、癒えるまで時間がかかりました。でも諦めずに前を向き、新たな道を歩み始め、自分自身を再び見つけることができました。

再起の道を歩むなかで、私は自己の目標やビジョンを明確にし、それに向かって着実に歩みを進めることが重要だと気づきました。明確な目標を持つことで、進むべき方向性が明確になり、困難に直面した際にも励まされる力となります。

挫折と再出発は人生の一部です。それを乗り越えて再び立ち上がることで、新たな可能性や人生の充実を手にできるのです。

人生は再起の連続であり、たとえ挫折しても、そこから学ぶことができます。

挫折を経験した後の出発は、新たな希望とチャンスを与えてくれます。過去の失敗や挫折を乗り越えた経験と覚悟、自己を向上させることで、より強く、より賢くなることができます。

成功や失敗は一瞬の出来事ではなく、継続的な努力と学びの積み重ねによって築かれるものです。始めることは、再び成功を手にするための可能性を秘めています。

再び立ち上がることは怖いかもしれませんが、挫折を経験したからこそ、より強く、より成熟した姿勢で前進することができると心から信じています。

2度目の起業—挑戦—

私は54歳で、2度目の起業と新たな分野に挑戦しました。カラーセラピーとアロマセラピーの学びと講師経験を活かして、女性向けのカルチャー教室を設立しました。

学びの過程で、私は自分の成長や内面の変化を実感することができました。カラーセラピーとアロマセラピーの力は驚くべきものであり、人々の心と体に癒しと前進を実現することができます。この経験を育てながら、私は自分の可能性を信じることの重要性を再確認しました。

さらに講師としての経験も積んでいきました。地元のカルチャーセンターやイベントでの講演、ワークショップを通じて、私の知識と経験を他の人々と共有する機会を得ることができました。私自身もより深く、より多くの人々に助けを提供することができました。

しかし、新たな分野での活動には苦労もありました。再起業したばかりの頃は、売り上げが思うように伸びず、苦しい時期もありました。ですが、私は廃業した経験から、再び挑戦する意志の強さを持っていました。失敗や困難に直面しても、諦めずに先に進むことが重要なのです。

私はビジネスの勉強に取り組むことを決意しました。自己成長とビジネスの学習のために時間と労力を費やした結果、ビジネスマインドやビジネス戦略・マーケティングの知識を得ることができました。さらに専門家のアドバイスを積極的に学び、自身の事業を成長させるための道筋を見つけました。

3年目に入った頃、私のビジネスは順調に成長し始めました。宣伝効果や口コミによって顧客層が広がり、売り上げも増加しました。

成功の鍵は、自分自身を信じることと持続的な努力です。成功を手にするためには、日々の努力や学びを怠らずに続ける必要があります。

そして、成功への道筋を見つけるためには、自己成長だけでなく、周囲の人々とのつながりも大切だと感じました。「なぜ生徒さんが集まらないのか？」「どうしたらうまく行くのか？」以前の私には残念ながら、自分のビジネスについて相談できる人がいませんでした。同じ女性起業家さんとの交流や意見交換によって、新たなアイデアや視点を得ることができます。だからこそ、ビジネスで成功するためには人とのつながりが大切なのです。

また、信頼できるメンターからのアドバイスやサポートも大きな助けとなりました。

成功は一時的なものではなく、継続的な努力と改善の積み重ねによって築かれるものです。成長し続ける姿勢を持ち続ければ、自己成長の道は終わりを迎えることはないと感じています。

そして、成功の道は一人で歩くものではありません。周囲の人たちからのサポートを受け、共感や改善を繰り返すことでより前進することができるのです。

未来への道は明るく、挑戦と成長の機会に満ちています。勇気を持って新たな道にチャレンジしましょう。人生は一度きり。あなたの人生はあなたのものです。

諦めずに自分を信じて前に進むからこそ、成功が手に入ると信じています。

また、私自身がビジネスで成功することによって、周りの講師の皆さんを俯瞰してみることができるようになっていました。そこで見えたのは、「集客できない」「売り上げが上がらない」という以前の私と同じ悩みを抱えているたくさんの講師たちの姿でした。

この人たちのサポートをしようと思ったのが、起業アドバイザーの前身「よりそい起業サポート」なのです。

起業アドバイザーへの転身

今から3年前、世の中が震撼する出来事がありました。そうです。コロナです。再起業から5年目を迎えたころ、順調だった起業が再び窮地に陥りました。対面でのレッスンがすべて中止になり、お客様が来ない状態が約1年間続きました。当時私は59歳になっていました。何かオンラインでできることはないかと模索して、起業アドバイザーとしての新たなスタートを切りました。

起業アドバイザーとしての道は、私にとって転機となりました。なぜなら、起業初心者さんの成長を支えながら、私自身も常に学び続けることができるからです。現在も専門知識の習得と経験の積み重ねに励んでいます。同世代の女性の皆さんの夢を実現させるお手伝いができることに誇りを感じています。

また、周囲の起業初心者さんの成功を目撃することで、より起業サポートへの意識が大きく変化しました。起業には多くのリスクと困難が伴います。しかし、私は過去の廃業経験から、困難であっても必ずできると信じています。皆さんが成功するための支援を提供することに情熱を燃やしています。

起業を目指す女性が直面する最初の課題は、ビジネスアイデアの具体化です。大半の女性は好きなことで起業をしたいと希望されます。しかし、起業は好きなことだけでは事業継続はできません。そのために、市場調査や競争分析、戦略計画など、多岐にわたる要素を考慮しながら、具体的なビジネスに変えていきます。

そして、ビジネスが始まった後も、起業家はさまざまな困難に直面します。市場の変化や競争の激化、資金調達の難しさなども挙げられます。

起業アドバイザーとしての専門知識と経験は、私自身が積み重ねてきたものですが、社会は常に変化し続けるものでもあります。私はマーケティングやブランディング、経営戦略などの分野でも豊富な経験を持っています。これらは、起業を目指す女性たちがビジネスを成長させるために必要な要素だと考えています。

また、起業家の成功には自己成長やリーダーシップも重要です。私はモチベーションの維持や管理、効果的なコミュニケーションの方法などについてもアドバイスを提供しています。彼女たちとの対話や経験を大切にすることで、私自身もより良いアドバイザーとなるための学びを得ています。

さらに、彼女たちの挑戦や成功体験から学びを得ることで、自己成長や専門性の向上にもつながっています。私の経験と専門知識は、起業を目指す女性たちのビジネスの成功に必要な要素ですが、これだけでは十分ではありません。女性起業家さんたちと信頼関係を構築し、彼女たちの目標や価値観を理解することにも力を入れています。今までの関係を見据えながら、社会のニーズや要求に応えるためのカスタマイズされたアドバイスを提供しています。

起業アドバイザーとしての道は、私にとって充実感と喜びをもたらしてくれています。起業初心者さんたちの成功に貢献し、彼女たちのビジョンを実現するお手伝いができることは、私にとって非常にやりがいのある仕事です。

そして、日本も年齢にかかわらず女性起業家が増えることで、社会全体にも影響を与えると思っています。

年齢を超えた輝き　女性起業家へのエール

私は現在63歳です。これまでの人生を振り返って、年齢を超えて新たな輝きを見つけることができたことに感謝しています。

私の喜びは、年間50人以上の女性起業家さんを支援し、彼女たちの相談に乗ることです。彼女たちに対するサポートは私にとって大きなやりがいであり、彼女たちへのエールと励ましは、私が持つ使命感だと思います。


女性起業家初心者さんたちへ、私からのメッセージです。

まず、私たち女性は年齢に配慮せず、常に新たな挑戦をすることができます。私が起業を決意したのは、すでに49歳でした。再起業に挑戦したのは54歳です。

「本当に起業するの？」と言われることもありましたが、私は自分自身を信じ、夢を追い続けました。年齢は、経験や知識を積んできた貴重な財産です。

そして、起業家として成功するためには、ひとりではなく、周囲の人々とのつながりが重要です。私も多くの人々からのサポートを受けてきました。他の起業家と交流し、経験を共有してきました。

　メンターを見つけることも大切だと思っています。経験豊かな人からのアドバイスによって、新たな視点を得ることができます。


　年齢を超えて輝く起業家の可能性と未来は、非常に確実です。世界は急速に変化しており、新しいＩＴや社会のニーズに応えるビジネスチャンスが多々存在しています。私たち女性は、自分自身のアイデアや情熱を活かし、このチャンスを追求することができます。

　起業家として成功するためには、柔軟性と創造性が必要です。時には困難な局面に立ち向かうこともあるでしょう。年齢に関係なく、新たなアイデアを考えて、自分のビジネスを進化させることが重要です。

　また、女性起業家が成功することは、社会全体にも良い影響を与えます。女性の起業家が増えることでジェンダー平等が普及し、多様性が尊重される社会が実現します。活躍することで、後続の女性たちにも勇気や希望を抱くことができます。私は、より多くの女性が起業の道に進み、将来を見据えることを期待しています。

　しかし、それらの社会を実現するには、女性が起業しやすい環境を整備し、男女の平等なチャンスが与えられる社会を構築することが求められます。

私たち年齢を超えた女性起業家たちは、若い世代に対してもエールを送ります。私たちが輝くことで、あなたたちにも光を与え、未来への希望を届けることができると信じているからです。困難を乗り越え、夢を追い求めるあなたたちが、新たな時代を創り上げていくことを期待しています。

女性起業家たちへのエールと励ましは尽きません。

あなたたちは、社会において大きな変化を起こす可能性を秘めています。自分自身のビジョンを持ち、情熱を燃やし、自信を持って進んでください。どんな分野でも、あなたのアイデアやビジネスは社会に新たな価値を生み出すことができるのです。

年齢やジェンダーに関わらず、自分の才能と能力を信じてください。自分自身を過小評価せず、自分の強みを考慮して事業を展開していきましょう。そして、困難な状況や挑戦に向けて、自分の内なる強さを信じてください。

周りの人々とのつながりも大切です。当事者や共同創業者、ビジネスパートナーなど、信頼できる仲間との緊張感は、あなたの成功に大きくなる力を与えます。協力し合い、お互いの成長をサポートしながら、共に大きな成果をあげてください。

途中で諦めたり、道に迷ったりすることもあるかもしれません。でも、それは成功へのプロセスの一部です。失敗から学び、立ち上がって、再び前進してください。希望を持ち続ける限り、あなたたちはどんな困難にも打ち勝つことができるのです。

最後に、女性起業家たちの可能性と未来について展望してみましょう。

世界は多様性と包摂性を重視する社会になりつつあります。女性起業家が増え、その才能とアイデアが活かされることで、社会全体がより豊かで相応のものになることを期待しています。

私たちのような年齢の女性起業家さんたちが成功を収めることは、後続の女性たちにとっても大きなインスピレーションとなります。私たちが道を切り拓き、成功の道筋を示すことで、若い女性たちは自信を持ち、夢を求める勇気を持つことができるのです。

年齢を超えた輝きを持つ女性起業家の皆さんへ、私からの心からのエールです。

人生は一度きり、あなたの人生はあなたが決めていいのです。

そして人生の最期に「私の人生はいい人生だったな」と思える人生が送れると素敵だと思いませんか？

あなたへのメッセージ

人生は決断の連続です。
あなたの人生は
あなたが決めることができるのです。

人生の最後に
「いい人生だった」と思えるような
悔いのない人生を送りましょう。

六車紀代美さんへの
お問合わせはコチラ

リトミック&ピアノレッスンを探究する中で辿り着いた自分の人生に制限をかけてしまう母の呪い

ひかりピアノ 代表
リトミック教室/ピアノレッスン

渡辺光里

1984年、東京生まれ。専門学校卒業後、リトミック講師としてカルチャーセンターなどで活動。その後、自宅への出張レッスンを主とする自身の教室を開講し、今では同じ志を持つ仲間と一緒に100名以上の生徒を指導している。2017年、カンボジアの小学校で音楽の授業をするボランティアに参加。「音楽に接する機会がない子どもたちにも音楽に触れる機会を」と、リトミック教室『まんまるりずむ』とピアノレッスン『ひかりピアノ』に加え、『にこにこメロディー』としてボランティア活動をしている。

1日のスケジュール

7:00 起床・お風呂

10:00 リトミックレッスン

12:00 お昼・メールチェックや教材作り、事務仕事

14:30 ピアノレッスン

20:00 レッスン終了後、友達と食事など

0:00 帰宅・Netflixなど好きなこと

1:00 就寝

働くことが楽しすぎる

はじめまして、渡辺光里です。

都内でリトミック教室やピアノの出張レッスンをしています。

幸せな親子を増やしたい、カンボジアなど音楽を学ぶ機会がない国で、リトミックやピアノを教えたい、そんな目標をもってお仕事をしています。

フリーランスで仕事をしていると、今でこそ「起業していてすごいね」なんて言ってもらえたりする機会がありますが、私がレッスンを始めた20年前は、そんな人はほとんどいませんでした。専門学校卒業後、アルバイトしながら仕事をしていたので、まわりから見ると、フリーターみたいな感じだったのではないでしょうか。

そんな私が、本当にたくさんの親子たちと出会い、たくさんの人にお世話になって、毎日ほとんど休みなく働いているにも関わらず、レッスンをしては、子どもたちが可愛すぎて、楽しすぎて、「これでお給料をいただけるなんて！」と、幸せなワーカホリックになったお話をさせてもらえたらと思います。

「ピアノの先生です」なんて言うと、「育ちのいいお嬢様なのね」と言われることもありますが、とんでもない（笑）。うちは、それはそれは貧乏だったのです。

子どもの頃、母には「うちは貧乏なので、塾もバレエも行かせられません」と言われたのですが、なぜか祖母が、「ピアノだけは習わせてあげて」と言ってくれて、習い始めることができました。（本当はバレエがやりたかったけど笑）

小学3年生のとある日、母がすごく怖い顔をして言うのです。

「パパは出て行きました」と…。

どうやら【探さないでください】と置き手紙を残して父が出て行ったようです。そんなドラマみたいなことある⁉ と思いながらも、その時は、父が出て行ったことより、母の機嫌をどう取ろうか考えるのに必死でした。

子どもながらに、「可哀想ってダサい。お涙ちょうだいは嫌」、そんなことを考えながら、大人たちの顔色を見たり、会話を聞いたりしていました。

母が働きに出て、夜ご飯を一人で食べる日々。祖母のおかげで習うことができたピアノは、音の破れたキーボードでショパンまでたどりついたり……。今の生徒さんたちを見ていると、この年代で私、結構可哀想だったのかなとか、頑張っていたのかなと思うことはたくさんありますが、とにかく明るく、本当に貧乏なのに貧乏ごっことかしながら過ごしていたので、可哀想と言われたり、「パパいないのに頑張ってるね」なんて言われたりするのがなんかダサくて嫌でした（笑）。

そんなわけで、とても貧乏で、音大も出ていませんが、ピアノが大好きだった私に、ピアノの先生が導いてくれたのが、リトミックの先生という道でした。

専門学校を出てからはカルチャーセンターなどで講座を持ち、レッスンをする日々。

小さい頃、ディズニーランドで働きたかった私にとって、子どもたちと一緒に、空を飛ぼう！　海を泳ごう！　お姫様に変身しよう！　こんなことができるリトミックが楽しくて仕方ありませんでした。

リトミックの卒業生からピアノのレッスンを希望する子もいて、生徒さん1人から、今は信頼して一緒に仕事ができる講師たちと100人以上の子どもたちのピアノ人生を大切にお預かりしています。

起業は誰にでもできる。成功しようと思わず楽しめることなら。

学歴や生まれた境遇は気にしても気にしなくても、どっちでも大丈夫。

自分を知る方法

ここでは、私がたくさんの子どもたちと接していくうちに学び、実践し、自分を知る方法として確信したことをお話してみます。

◆子は親の鏡

よく子育てをしているママにあるのではないでしょうか。

夜、久々に友達と食事に行こうとすると、子どもが熱を出す。

ぐずってほしくない時に限って大荒れ。

これは親子だけに限らず、自分の心次第で、見える世界や相手が変わってくるのですが、子どもの純粋なエネルギーは即、わかりやすく表現してくれます。

親子というつながりがあると特にですが、私も毎日いろいろな生徒さんのお家を回っていると、行く家、行く家、子どもたちが同じぐずり方をする時があるのです。

それは、私の心が荒れているからです。

友達と食事に行く時に熱を出すのも、ママに罪悪感があるからです。ぐずってほしくない時にぐずるのは、何かに執着しすぎているのかもしれません。

子どもはママたちに教えてくれるんですね、もっと自由に生きていいことを。

こんな時は自分と向かい合うチャンス、子どもが言うことを聞かないときも、『なぜこの子はこんなことをするのだろう』と問うのではなく、『なぜ私はこの子がこれをすることが嫌なのだろう?』と問うと、自分が縛られているものに気づきます。

それに気づくと不思議とぐずらなくなったり、こちらが気にならなくなったりします。

◆ドラマチックをやめること

生徒さんたちがぐずらなくなったり、私がいろんなことを許容できるようになったりすると、ふと思うのです。

【サボっている気がする!!】

そう、子どもたちのために悩んだり、苦労したりしているほうが、いい先生をしている気分になれるのです。悩んでいるほうがいいママを感じられる。まさかの充実感ですね。

ママたちも、このドラマチック症候群に陥っている人は多いのではないかなと思いますが、子どもは鏡なので、これをやっていると、ドラマチックな案件を子どもたち側もしっかりと持ってきてくれちゃいます。

子育てだけではありません。仕事もそう、何か天職を見つけて生まれた使命を全うするんだ！と、ドラマチックになりすぎると、やりたいことが見つからなかったりします。

恋愛でも、韓国ドラマのような運命の人を理想にしすぎると、なかなか見つからず、そう簡単にはうまく行かない相手ばかり選ぶということに陥ります。

だって、記憶喪失や病気、裏切りや嫉妬、そんな展開が韓国ドラマを盛り上げますから。

◆できない子はママの思い通り

『先生、うちの子、幼稚園の先生に落ち着きがないと言われてしまったのですが、リトミックではちゃんとやれていますか？』なんて言われることがあります。

その時は、そんなふうに思ったことなかったな、なんて思ったりするのですが、恐ろしいことにそう言われると、次のレッスンからそのように見えてしまうのです。

これを「ラベリング」とよんだりするのですが、その子の落ち着きがないという行動の真意は、興味がたくさんあり、他のもの、目に入るものがいろいろ気になる、というところにあります。

もし、何かみんなでやるようなことをやらせたいのであれば、こちらに興味が向くように工夫したり、あらゆる作戦を立てたりして、輪に入れる経験を少しずつ増やしてあげればよいだけなのです。そうやって輪に入る経験を増やせば、『落ち着きのない子』というラベルはなくなるし、本当に落ち着きがないままでも、その部分を自分も周りも可愛いとチャームポイントに思えるのです。

けれど、先生やママがみんなで、落ち着きがない、ちゃんとやりなさい！と言い続けると、大人になるまで『自分はこういう人間だ』と思い込み、脳はちゃんとそのような性格を演じようと努力するのです。

私たちもそう、これができない、自分のここがダメ、こういうとき失敗する、これは、子どもの時からしっかり積み重ねた、努力のラベルです。その努力をやめたっていいし、もしくはこのラベルを愛してあげてもいいのではないでしょうか。

これはなかなか自分の力では難しいこともあるので、日本ではあまり慣れないかもしれませんが、海外ドラマの1コマのように、カウンセリングに行ってみたり、もしも親のどちらかとしばらく会ってない、わだかまりがあるなんて人は、会いに行って向き合うことをオススメします。

一番難しいことかと思いますが、私もやったことなので勧められます！

与えられた仕事をとことん追求すると、思わぬ自分探しが始まる。

大こじらせ！　みんな母の呪いにかかってる!?

『どうしたらピアノが楽しくなるだろう』『どうしたら練習してくれるだろう』その一心で、発達心理や子どものことについて片っ端から学び、資格を取ったり、子どもたちの環境、兄弟構成からくる性格を分析したり、元々持っている性格に対して心地よい指導の仕方ができるように、エニアグラムや星座などを掘り下げているうちに、気がついたらなんとホロスコープまで読めるようになっていました。

私が子どもの時にしてほしかったこと、かけられたかった言葉、全部私の生徒さんたちにあげたい。ママたちの悩みや不安を和らげたい。その思いでいっぱいでした。なぜかというと、自分を知ることで、母の呪いにかかっていたことに気づいたからです。

母の呪いにかかると、幼い時の環境や出来事、両親の言葉から自分の中に思い込みを無意識に作ってしまい、大人になっても自分の人生に制限がかかります。例えば、【頑張ろう】【頑張らなくていいよ】この真逆の言葉は、どちらが正しいということではなく、言葉をかける側が、その時の環境、状況、年齢などにより、かける言葉を選んでいるのです。

だけど、子どもはそのとき強く感じた出来事を【正しい】あるいは【怖い】等と判断し、大人になっても『頑張るべき』と無理をしたり、向き合わなくてはいけない問題からいつまでも逃げたりします。その他にも、『そんなこともできないの？』『うちにそんなお金ない』など親の口癖を自分の人生の設定に取り入れてしまうのです。

環境も大きく影響します。私の場合は父が出て行った時から、あるいはその前から、頼まれてもいないのに「チーム母」の唯一のメンバーとして加入したわけです。チーム母では、旦那に逃げられた母を差し置いて幸せな結婚をしてはいけません。

また、両親が別れていなくても、お母さんがお父さんの悪口ばかり言う場合も同じように受け取る子もいますし、お母さんがお父さんを好きすぎて束縛する場合も、お母さんの中に女が見えるのが嫌で自分が女らしく恋愛をできない等々、どんな状況でも、特別な環境でなくても、受け取り手により呪いは完成してしまうし、父の呪い、兄弟の呪いにかかってしまう人もいるでしょう。

人間関係、お金、恋愛、人それぞれ悩みは出てきますが、これらは子どもの頃に作られた思考から生まれ、勉強さえできれば幸せな人生を送れるかといったら大間違いです。

小さい頃、もっとワガママ言ったり、寂しがったりしなくちゃいけなかった。でもそれって、すごく面倒くさかった。ダサいと思っていたし、恥ずかしかった。聞き分けのいい感じで、母や周りの顔色ばかり見てきたから、気づけば自分の感情の扱い方がすごくへたくそな、めんどくさい女になっていました。母が大好きな私と、無意識に母のせいで幸せになれない私が混在していたので、よくわからないけど母が重かったのです。母と喧嘩をしては、一人で育ててくれた母にこんなこと思うなんて、なんて薄情な人間なのだと自分を責め、延々とその繰り返し。母が病気で入院したときすらです。お見舞いに行くたびに文句を言う母と喧嘩をしては、帰りの電車で母が死んだら私のせいだと泣く毎日でした。

お母さんに冷たくしてもいい、切り離していい、でも親のせいにしていつまでも変わらないままでいなくていい。わかっていても長い間どっちもできなかった。可哀想と構っては、支配されたような気になってきつい言葉を浴びせる。呪いと言ってしまっていますが、母はそんな呪い一つもかけていません（笑）。

少しずつでしたが、呪いが幻だったことを自覚し、ずっと会ってなかった父にも会い、今では父の家族とも仲良くしてもらい、勝手に背負っていたものが軽くなりました。母との喧嘩が一切なくなったわけではありませんが、罪悪感がなくなり、私にだけないと思っていた幸せがある世界に変わりました。

もちろん特別な環境でなくても、誰でも受け取り次第でかかってしまう母の呪い。

女の幸せってどこにあるの？

生徒さんたちが将来自信を持ったり、前向きになったり、自分を大切にできるように、いざ夢を叶えるときに拗れないように、日々レッスンでママに寄り添ったり、子どもに寄り添ったり、ママが見えなくなっている長所を見つけたり、短所だと感じているところを長所に変換したり、逆にママが叱らないような部分でもうひと頑張りさせてみたり。そんな風に生徒さんたちと関わっています。

私は遠回りしましたが、結局は家族、親友、友達、周りの人たちに大事にされていて、もうそんな年頃でもないのに、みんなに世話を焼いてもらっていることにも気づき、たくさんのやりたいことを叶えてきました。

この想いをいつか本で伝えたい、という夢もここで叶いました。

でもまだまだ叶えたい願いもあるし、叶わないこともたくさんあるかもしれません。

禅の言葉で【日日是好日】という私の好きな言葉があります。

意味を調べると、毎日が楽しく平和、とありますが、これは毎日都合の良い事ばかり起きて楽しい、ということではありません。どんなに悲しい日も、辛い日も、私たちの魂はその経験を、その時感じた気持ちを、とても大喜びで受け取っているようなのです。

少し前まではやりたいことや願いが叶うまで、まだ自分の人生が始まってないような気持ちになっていました。私たち女性は、特にそうではないでしょうか。将来の夢はもちろん、結婚したら、赤ちゃんを授かったら、2人目ができたら、子育てを終えて、再び生きがいを見つけられたら、介護が終わったら……。それまで幸せをお預けにする。

そこに到達するまでの時間だって、私たちの人生は確実に存在するのに、まるで一生受験生のようですね。その先ばかり見て、今ある愛おしさや幸せが見えない。

でも、幸せって、何も充実した楽しい時間ばかりを送らなくていいのだとしたら?

そう考えるととても楽になりました。苦しみや悲しみがあってもいいや、と思っていると、あれ、苦しみや悲しみって最近あったっけ?となってきたりして。

自己肯定感を上げたり、頑張らなくていいという本や発信はたくさんあります。

頑張らなくていいと言われて自由になった人もいれば、頑張り屋さんやＨＳＰの人たちなど、そう言われて頑張ってしまう自分を否定して、すごく辛くなった人たちもいると思います。

頑張らなくてもいいけど、頑張ったっていいじゃないですか。

頑張りすぎちゃって、自分を大切にできない日があっても良いじゃないですか。

だって誰かの役に立ったのだし、誰かを大切にしたのだから。

それで見返りを求めちゃって、そんな自分を愛せない日があってもいいんですよ。

そんな日も私たちの大切な素晴らしい1日なんだから。

もうそれでいいことにしよう。


私のようにお母さんを大事にできないと悩む人、旦那さんとうまくいかないと悩む人、子どもに優しくしたいのに怒ってばかりと悩む人。そんなあなたは、誰よりも相手を大事にしたくて、仲良くしたくて、優しくしたいのですよね。

相手にとってその気持ちは嬉しいことではないでしょうか。

それでもう十分じゃないですか。人生をうまくいくことでいっぱいにしなくてもいい。

進んでも進んでる。休んでも進んでる。それでいいよね。

あなたへのメッセージ

充実した楽しい時間ばかりを送ることが
幸せではありません。
先のことばかり見るのではなくて、
今ある愛おしさや幸せにも
目を向けてみましょう。
「苦しみや悲しみがあってもいいや」
と思えると、
肩の力が抜けて楽になりますよ。

渡辺光里さんへの
お問合わせはコチラ

夢を持った時点で、それはもう叶っている――おわりに――

本書を最後までお読みくださり、ありがとうございました。

女性起業家20人の物語はいかがでしたでしょうか?

全員に共通することは、今のあなたと同じような状況から夢を叶えたということです。
だから、あなたにもまずは夢と自信を持ってほしいのです。

夢は持った時点で、もう叶っています。
なので、今の身の丈に合っていない夢を持ったっていいのです。
あとは、その夢に触れるかどうかはあなたの努力次第。

夢を持つことに遠慮してはいけません。
限界を決めてはいけません。

「きっと今の自分には無理だから、これくらいの夢にしておこう」と思っていると、それが叶ってしまいます。


あなたなら、きっと思い描いた場所に辿り着くことができます。

自分を信じて一歩ずつ行動してみてください。


最後に、20人の女性起業家に感謝を綴ります。

出版を決意したこと、そして、辛い経験や苦悩を振り返りながらの執筆は、大変な勇気を要したことと思います。皆様の勇気は、きっと多くの方の励みとなるでしょう。

これからも皆様らしい素敵な人生を歩んでください。

そしてまたいつか、ここでお会いできたら嬉しく思います。

Rashisa（ラシサ）出版編集部

わたしが辿り着いた場所
夢を叶えた20人の物語

2024年5月29日　初版第1刷発行

著者：Rashisa出版（編）
安楽里絵／五十嵐恭子／石本香緒理／木村美琴／小林佑季子／島崎幸恵／SHOKO
鈴木雅美／大門まき／髙橋奈緒／谷保清香／富澤志保／名和里恵／西田有美／橋本恭代
haTuki／福嶋裕美子／前田美香／六車紀代美／渡辺光里

発行者　Greenman
編集・ライター　濱彩
ブックデザイン　二ノ宮匡

発行所：Rashisa出版（Team Power Creators株式会社内）
〒558-0013 大阪府大阪市住吉区我孫子東2-10-9-4F
TEL：03-5464-3516

発　売：株式会社メディアパル（共同出版者・流通責任者）
〒162-8710 東京都新宿区東五軒町6-24
TEL：03-5261-1171

印刷・製本所：株式会社堀内印刷所

ISBN コード：978-4-8021-3466-8
C コード :C0034